이중텐 중국사
\12\

남조와 북조

남조와 북조

南朝, 北朝

易 中 天 中 國 史

이중톈 중국사 \12\

이중톈 지음 | 김택규 옮김

글항아리

제1장

피를 바꾸다

제2장

선비족

제3장

남조의 실험 현장

中　/　國　/　史　/

일러두기
– 본문에서 괄호 속 설명은 지명 표기 등을 제외하면 옮긴이가 붙인 것이다.

제1장

피를 바꾸다

짧은 시간에 중국 북방의 대통일을 이룬 부견은 마지막에 비수에서 패해 비명횡사했다.
그의 영웅적인 사업과 입지전적인 이야기는 아마도 한 시대의 서막을 열기 위한 것일 뿐이었다.
그것은 바로 반세기 후의 남북조시대였다.

신의 채찍

오호십육국 시대가 끝나고 남북조 시대가 시작된 그해(439), 한 무리의 '야만인들'이 카르타고의 옛 유적에 자신들의 왕국을 세웠다. 본래 스페인에 살았던 그 반달족Vandals은 지브롤터해협을 건너 북아프리카에 이르렀다. 그리고 10년간의 정복전쟁을 통해 로마 제국의 아프리카 속주의 대부분을 빼앗아 자신들의 나라를 세웠다.[1]

이와 동시에 중국의 북량北凉이 멸망했다.

고장姑臧(지금의 간쑤성 우웨이武威)이 수도였던 북량은 십육국 중 마지막으로 망한 나라였는데, 반달족은 왕국을 세운 첫 번째 야만족은 아니었다. 그 전후로 중국과 로마에서는 위험천만한 일들이 꼬리에 꼬리를 물고 나타났다. 그래서 그해는 중요한 의미가 있기는 했지만 끝도 시작도 아니었다.

그로부터 16년 뒤(455), 반달족은 다시 유럽으로 쳐들어갔다. 그들

---

[1] 이 장의 역사적 사실과 묘사는 취롄중崔連仲 주편의 『세계통사: 고대』, 궈성밍郭聖銘의 『세계문명사강요』, 허버트 조지 웰스의 『세계사강』, 미국 타임라이프북스의 『세계통사』, 시오노 나나미의 『로마인 이야기』, 상하이사전출판사의 『세계역사사전』 등을 참조했다.

은 시칠리아와 사르데냐섬에서 집집마다 노략질을 한 뒤, 6월 2일부터 16일, 두 주 사이에는 로마 안을 일사불란하게 샅샅이 약탈하여, 하다못해 제우스 신전 지붕에 입혀진 도금된 구리 기와까지 뜯어 배에 싣고 돌아갔다.

그것은 큰 재난이긴 했지만 로마가 처음 경험한 일은 아니었다.

최초의 재난은 동진東晉이 멸망하기 10년 전인 410년에 일어났고 원흉은 서고트족Visigoths이었다. 그들은 로마 안을 산책하듯 누비면서 3~5일간 샅샅이 재물을 긁어모은 뒤 남하했다. 초과 적재한 짐수레와 끝없는 사람들의 행렬이 아피아 가도를 꽉 채웠고 그중에는 심지어 로마 황제의 누이동생까지 있었다.

800년간 함락된 적이 없던 세계의 수도 로마는 그렇게 야만족이 수시로 문을 부수고 드나드는 창고, 혹은 목장에서 죽음을 기다리는 새끼양이 돼버렸다. 중국 서진 시기, 이민족의 눈에 비친 장안과 낙양이나 다를 바 없었다.

오래된 문명국은 언제나 야만족에게는 상대가 안 되는 듯하다.

확실히 로마 제국에게 서고트족과 반달족은 이민족이었다. 다만 이민족이나 야만족이라고 부르지 않고 게르만족Germanic이라고 불렀다. 이 호칭은 카이사르 시대에 이미 존재했다(카이사르의 『갈리아 전기』에서 가장 먼저 나타난다). 하지만 어떤 게르만인도 스스로를 그렇게 부르지는 않았다. 마치 중국의 흉노족匈奴族이나 갈족羯族이 스스로를 호인胡人, 즉

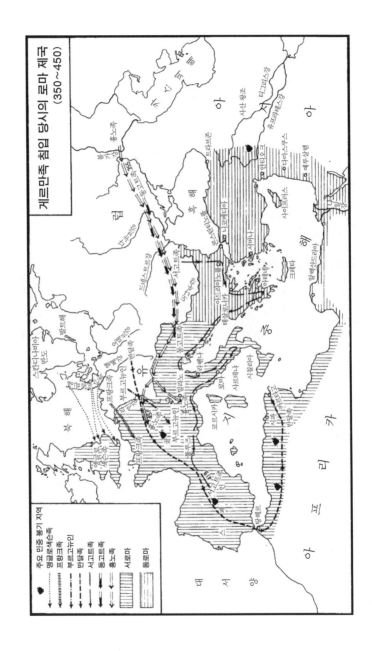

게르만민족 침입 당시의 로마 제국
(350~450)

오랑캐라 부르지 않은 것처럼.

실제로 '게르만'은 '호胡'와 마찬가지로 일종의 통칭으로서 로마가 야만족으로 간주했던 수많은 종족을 망라했다. 예를 들어 반달족, 서고트족, 동고트족Ostrogoths, 부르군트족Burgundians, 프랑크족Franks, 앵글로족Angles, 색슨족Saxons, 주트족Jutes, 롬바르드족Lombards 등이었다.

당시 로마 제국은 그 야만족들에게 포위되어 있었다. 그들은 조수처럼 밀려들어와 차례로 독자적인 왕국을 세웠다. 서고트족(419), 반달족(439), 부르군트족(457), 프랑크족(486), 동고트족(493)의 다섯 왕국에게 로마는 제국의 속주를 연이어 상실했다. 이것은 중국의 오호십육국과 또 어떤 차이가 있을까?

유사할 뿐만 아니라 어쩌면 연관성까지 있었다. 그 연관성은 흉노족Huns에 의해 생겼다.

사실 게르만족의 로마 제국 침입은 그들이 흉노족에게 쫓기는 바람에 촉발되었다. 그 흉노족이 본래 중국에 살던 북흉노였는지는 확실히 증명할 수 없다. 하지만 그들은 우랄알타이계의 유목민족으로서 오랫동안 광활한 중앙아시아의 대초원을 떠돌면서 거듭된 정복전쟁과 이동을 통해 스스로를 강력한 집단으로 변모시켰다.

야만족 중의 야만족으로서 흉노족은 난폭한 게르만족조차 벌벌 떨게 만들었으니 로마인은 더 말할 필요도 없었다. 374년, 다시 말해 로마가 첫 번째 재난을 당하기 36년 전에 말을 탄 그 민족은 볼가강을 건너 돈강 유역과 흑해 북쪽 연안의 알란족Alans과 동고트족을 정복하고 게르만족을 뿔뿔이 도망치게 만들었다.

유럽의 민족 대이동은 이때부터 시작되었다.

제일 먼저 로마 영토로 도망쳐온 민족은 서고트족이었다. 그들은 흉노족이 볼가강을 넘은 지 2년 뒤, 죽음의 위협을 피해 도나우강을 건넜다. 물론 당시에는 로마 황제의 비준을 얻어야만 했는데 그 대가는 무겁고 비참했다. 무기를 모두 반납하고 로마인의 통치 아래에서 소, 말보다 못한 삶을 영위해야 했다. 그들은 썩은 음식을 먹으면서 로마 관리들의 자의적인 학살에 희생되곤 했다.

그것은 어떤 민족도 참을 수 없는 대우였다. 그래서 서고트족은 압박과 치욕을 못 이기고 대폭동을 일으켰다. 그들은 번개가 산 정상을 때리듯 로마인들을 공략해 분노에 차서 트라키아를 쓸어버렸고 친정을 나온 로마 황제 발렌스를 전장의 이슬로 만들었다.

그 후로 32년이 더 흐른 뒤, 그들은 앞에서 말한 로마의 첫 번째 대재난을 일으킨 것이다.

서고트족에게는 전화위복이었다. 로마를 약탈한 지 9년 뒤, 그들은 갈리아 남부에 자신들의 왕국을 세웠다. 이어서 다른 게르만족도 흉노족의 공격을 피해 차례로 로마 제국으로 넘어와 스페인, 아프리카, 갈리아, 브리튼, 코르시카, 사르데냐 등을 점령했다. 가엾은 서로마 황제는 게르만 용병이 조종하는 허수아비가 돼버렸다.

결국 게르만 용병대의 장군이 서로마의 마지막 황제, 로물루스 아우구스툴루스를 아예 폐위시켜버렸다. 마치 중국에서 서진이 망하고 동진만 남은 것처럼 서로마 제국이 이렇게 망함으로써 동로마 제국만 남았다.

서로마 제국이 망한 것은 476년이었지만 그 전에도 로마는 시련의 나날을 보냈다. 게르만의 야만족에게 짓밟히고 유린을 당했을 뿐만 아니라 흉노족도 그들을 놓아두지 않았다. 특히 434년 이후에 더 그랬다. 왜냐하면 그해에 흉노족에는 모든 이를 공포에 떨게 한 우두머리 겸 총사령관이 나타났기 때문이다.[2]

그 사람의 이름은 아틸라Attila였다.

그 사람은 신의 채찍이라는 별명도 갖고 있었다.

아틸라의 사적은 현재 상당 부분 전설로 간주될 수밖에 없다. 그는 키가 작고 뚱뚱했으며 어깨가 두텁고 코가 납작한 한편, 냉혹하고 깊이를 가늠할 수 없는 까만 눈은 아들을 볼 때만 부드러운 빛을 띠었다고 한다. 그의 생활은 보통의 유목민처럼 소박했다. 허름한 오두막에서 살면서 나무 잔으로 술을 마시고 나무 쟁반에 밥을 얹어 먹었으며 사치품이라고 할 만한 것은 겨우 돌을 쌓아 만든 한 칸짜리 욕실 정도였다.

하지만 이 때문에 그를 우습게 여기는 사람은 아무도 없었다. 아틸라의 무력은 로마 세계 전체를 파멸시킬 수도 있을 만큼 컸기 때문이다. 실제로 일찍이 443년에 그는 발칸반도에 침입하고 콘스탄티노플

---

2 434년에 아틸라와 그의 형이 함께 흉노왕이 되었고 444년 또는 445년에 형이 죽어 아틸라가 유일한 통치자가 되었다. 443년 그는 흉노족을 이끌고 콘스탄티노플에 입성했다. 450년에는 골을 침략하여 오를레앙에 이르렀다. 이어서 451년에는 로마, 서고트족, 프랑크족의 연합군과 샬롱에서 대회전을 벌였다.

에 입성하여 동로마 황제로 하여금 공물을 바치고 영토를 떼어주면서
까지 화의를 구걸하게 만들었다. 그리고 450년에 와서는 욕심이 더 커
져서 서로마 황제에게 영토의 절반을 자기와 로마 공주의 결혼 혼수로
달라고 했다. 이를 거절당하자, 아틸라는 주저 없이 서로마로 들이닥쳐
곧장 오를레앙까지 달려가며 유럽을 쓸어버렸다.

동로마와 서로마가 모두 흉노족의 도살장으로 변했다.

이보다 더 파멸적인 타격은 없었다. 전해지는 얘기에 따르면 신의 채
찍이 휩쓸고 간 도시에서는 개와 닭이 우는 소리조차 들리지 않았다
고 한다. 그래서 로마인들은 할 수 없이 서고트족 및 프랑크족과 연합
해 그를 상대해야만 했다. 이로써 일어난 것이 451년의 샬롱 전투다. 이
전투에 투입된 양쪽의 병력은 각기 50만 명이었는데 양쪽 모두 타격을
입지 않는 것은 불가능했고 로마를 구하는 것은 더더욱 불가능했다.

그나마 로마는 재난을 면했다. 이는 교황 레오 1세의 애걸과 막대한
뇌물 덕분이었다고 한다. 이미 이탈리아 북부를 다 노략질한 아틸라는,
폐허가 된 산하를 그가 몰아낸 게르만족과 로마인이 서로 나누거나 쟁
탈전을 벌이게 놔두고 철수했다.

연도	사건
374	훈노족이 볼가강을 건너 유럽의 민족 대이동을 일으켰다.
376	서고트족이 도나우강을 건넜다.
378	서고트족을 진압하던 로마 황제 발렌스가 전투에서 패하고 피살되었다.
400	앵글로족, 색슨족, 주트족이 브리튼에 침입했다.
410	서고트족이 로마를 함락시켰다.
419	서고트족이 왕국을 세웠다.
420	프랑크족이 골에, 부르군트족이 론강 유역에 정착했다.
429	반달족이 북아프리카에 진출했다.
439	반달족이 왕국을 세웠다.
443	아틸라의 군대가 콘스탄티노플에 입성했다.
450	아틸라가 골에 침입하여 오를레앙성을 포위했다.
451	훈노족, 로마와 게르만족의 연합군이 샬롱에서 격전을 벌였다.
453	아틸라가 죽고 훈노 제국이 와해되었다.
455	반달족이 로마를 함락시켰다.
476	서로마 제국이 멸망했다.
486	프랑크왕국이 세워졌다.
493	동고트왕국이 세워졌다.

이것이 바로 439년 전후, 동서 두 반구의 대세였다. 중국은 통일을 향해 나아가며 먼저 이민족이 북방을 통일했고 그다음에는 한족과 이민족의 혼혈인 수당이 전 중국을 통일했다. 이와 반대로 로마는 붕괴를 향해 나아갔고 즐비한 소왕국들이 통일된 대제국을 대체했다. 그 왕국들은 게르만족에 의해 세워졌고 그 추세를 가속화한 것은 아시아의 야만족인 신의 채찍 아틸라였다.

하지만 신은 결국 자신의 채찍을 거둬들였다. 아틸라는 마지막 신부와 격렬한 운동을 한 뒤, 신혼의 침상 위에서 급사했다. 사인은 혈관 파열로 인한 대량 출혈이었을 것이다. 때는 453년이었다.[3]

그해에 중국 남조 유송劉宋의 황제와 태자가 함께 피살되었다. 황제는 태자에게 살해당했고 태자는 어느 왕의 칼에 죽었다. 그 왕은 스스로 황제가 되었는데 그의 황위를 이어받을 사람도 장차 다른 왕에게 살해될 운명이었다.

2년 뒤, 반달족이 로마를 약탈했다.

아틸라를 잃은 흉노족은 금세 역사에서 사라졌다. 그들은 현지 주민들에게 흡수되어 천천히 몽골리안에서 아리아인으로 변했다. 그 민족은 사람들이 생각하듯이 직접적으로 오늘날 헝가리인의 조상이 되지는 않았다. 물론 그곳에 많은 후예를 남기기는 했을 것이다.

그러면 중국의 흉노족은 또 어땠을까?

---

3 존 맨John Man, 『아틸라: 로마에 도전한 야만인 왕Attila: The Barbarian King Who Challenged Rome』(St. Martin's Griffin, 2009) 참조.

흉노가 한나라를 계승하다

아틸라의 조상들이 볼가강을 건넜을 때, 중국의 흉노족은 이미 자신들의 마지막 역사적 활약을 마친 뒤였다. 그들이 같은 민족이었는지는 입증할 증거가 없으며 그들 사이에 어떤 관련이 있었음을 보여주는 자료는 더더욱 없다. 비록 서양의 사학자들이 보통 중국의 흉노족과 아틸라의 동포들을 한데 묶어 '훈Huns'이라고 칭해왔고 또 그들이 모두 돌궐족突厥族과 타타르족처럼 몽골리안이긴 했지만.[4]

그런데 이 두 '훈Huns'은 매우 대조적이었다.

아틸라는 로마 문명을 아랑곳하지 않은 반면, 중국의 흉노족(정확히 말하면 내륙으로 이주한 남흉노)은 한족의 문명에 대해 경의와 동경심을 품고 있었다. 이런 차이는 상대방과의 통혼에 대한 그들의 태도에서도 드러난다. 아틸라는 로마와 게르만의 젊은 여자가 신부로 들어오는 것을 상대방이 공물을 바치는 한 형식이라고 보았지만 중국 남흉노의 관점

---

4 예를 들어 웰스의 『세계사강』에서는 중국의 흉노족을 훈족Huns이라 칭한다. 하지만 존 만, 『신의 채찍 아틸라』의 중국어 역자 셰환謝煥은 중국 흉노족의 영문 이름은 당연히 '흉노'의 중국식 발음표기인 'Xiongnu'가 돼야 한다고 생각한다.

은 정반대였다.

이 점은 매우 의미심장하다.

사실 아틸라가 마지막에 게르만 공주를 신혼의 침상에서 품었을 때
로부터 483년 전에 중국 흉노의 호한야呼韓邪 선우單于(흉노의 대추장)는
한나라 궁전의 궁녀 왕소군王昭君을 아내로 맞았다. 이런 통혼은 당연
히 그때가 처음이 아니었다. 맨 처음에는 유방이 황족 여성을 공주로
삼아 모돈冒頓 선우에게 시집을 보냈고 그 후로 혜제, 문제, 경제, 무제
도 차례로 이를 따라했다. 그 목적은 매우 분명했다. 여자와 평화의 교
환이었다.

하지만 그 사실은 남흉노가 스스로를 한나라 황제의 외손자로 생각
하는 데에는 전혀 방해가 되지 않았다. 그들이 정말로 그렇게 생각하기
를 바랐다면 말이다. 실제로 조조의 집권 말기에 남흉노의 추장은 이
미 성을 유씨로 바꾸었다. 그의 논리는 이러했다. 모돈 선우가 한 고조
유방의 사위였으므로 자기는 당연히 외조부의 성씨를 쓸 수 있다는
것이었다.

그것은 유방이 전혀 예측하지 못한 일이었다.

당연히 유방은 500년 뒤 흉노족이 자신들이야말로 한 왕조의 합
법적인 계승자라고 선언할 줄 몰랐을 것이다. 304년, 즉 서진 태안太安
3년에 흉노족의 한 추장이 좌국성左國城(지금의 산시山西성 리스離石)에서 자
기가 역사상 세 번째 한왕이라고 선포했다. 그리고 4년 뒤(308)에는 평

양平陽으로 천도해 다시 자기가 새로운 대한大漢의 황제라고 선포했다.[5]

그 추장의 이름은 유연劉淵이었다.

유연은 원래 한화된 흉노족이었다. 조조가 임명한 흉노족 좌부수左
部帥의 아들로서 어려서부터 낙양의 궁궐에서 생활하며 독서에 탐닉해
문무를 겸비함으로써 사마소司馬昭의 눈에 들고 명사들의 찬사를 받았
다. 유연 자신도 마음속에 큰 뜻을 품었다. 훗날 그가 왕이라 칭할 때,
어떤 사람이 그가 호한야 선우의 유업을 부흥시켜야 한다고 주장했지
만 그의 생각은 달랐다.

"기왕 하려면 한 고조와 위 무제(조조) 정도는 돼야지 호한야가 배울
게 뭐가 있다고!"

실로 배포가 대단한 인물이었다.

그런데 유연 등은 필경 한화된 흉노족이었으므로 명분의 중요성을
잘 알고 있었고 마침 하늘도 그들에게 충분한 기회를 주었다. 당시는
마침 팔왕八王의 난이 일어나서 사마씨 황족의 내분과 골육상잔이 극
심했던 때였다. 유연 집단이 보기에 그것은 천명이 진晉나라가 아니라
한나라에 있음을 여실히 증명했다. 하지만 한나라인이 한 황실을 부흥
시킬 수 없게 된 이상, 그 일은 그들의 동생이 맡아야 옳았다. 형이 죽
으면 동생이 잇는 것이 불변의 진리이기 때문이었다.

그래서 유연 집단은 흉노가 한 고조의 외손자이자 한나라 황제의
사촌형제로서 한나라 정권을 이어받을 합법적 권리가 있다고 선포했 **020**

---

5 한족과 흉노족의 첫 번째 화친은 기원전 200년에 이뤄졌고 유연이 왕위에 오른 것은 304년이다.

다. 그 한나라 정권이 유선劉禪의 촉한이 망한 뒤로 이미 40년간 중단되었던 것은 별로 중요하지 않았다.

남은 일은 연출을 잘 하는 것뿐이었다. 고황제高皇帝 유방, 광무제光武帝 유수劉秀, 소열제昭烈帝 유비를 삼조三祖로 모시고 문제 유항劉恒, 무제 유철劉徹, 선제宣帝 유순劉詢, 명제明帝 유장劉莊, 장제章帝 유달劉炟을 오종五宗으로 높였다. 위나라와 진나라에게 망했던 한나라는 이렇게 흉노의 게르(유목민족의 이동식 천막집) 안에서 신비롭게 부활했다.

그러면 그것은 한나라 문명의 부활이었을까?

물론 아니었다.

사실 유연의 이상은 흉노인이 천자가 되는 것이었다. 이에 대해 그는 명확하게 말한 적이 있다.

"하나라 우왕과 주나라 문왕도 다 이민족이었는데 누가 제왕이 되든 거기에 무슨 정해진 규정이 있단 말인가?"

그가 나라 이름을 한나라라고 지은 것도 그 이름이 호소력이 있어서 그랬을 뿐이었다.[6]

그의 건국은 일종의 우회상장이었다.

안타깝게도 한족과 흉노족 사이의 갈등은 그 유래가 이미 오래되어 유연이 스스로 한 고조의 외손자라 칭한다고 해서 해소될 수 있는 것이 아니었다. 진 무제 시절에 누가 유연을 중용하자고 했을 때 반대파의 견해는 '우리 민족이 아니어서 그 속내가 필히 다를 것이다非我族類,

---

6 이상은 『진서晉書』 「유원해재기劉元海載記」와 『자치통감』 85권 참조. 따로 르네 그루세의 『중국의 문명』 참조.

其心必異'였다. 반면에 훗날 유연이 왕이 되었을 때 그를 옹립한 이들의 견해는 '진나라는 무도하여 노예로 우리를 길들인다晋爲無道, 奴隷御我'였다. 한쪽은 상대편의 민족 차별을 탓하고 다른 한쪽은 늘 경계심을 품고 있어서 함께 화목하게 지낼 수가 없었다.[7]

성을 유씨로 바꿨어도 흉노족은 한족이 보기에는 여전히 오랑캐였던 것 같다. 그래서 유연의 조카 겸 양자였던 유요劉曜는 황제가 된 후, 아예 가면을 벗어던지고 국호를 조趙로 바꿨다. 역사에서는 이를 전조前趙라고 부른다. 그는 더 이상 유방 등에게 제사를 지내지도 않았으며 대신 모돈 선우를 황천皇天으로, 고조 유연을 상제上帝로 모셨다.[8]

그러나 유요는 '한漢-전조前趙'의 마지막 황제였고 제업의 성취는 이미 윗대의 유총劉聰 때 이뤄졌다. 유총은 유연의 네 번째 아들로서 역시 서진의 수도 낙양에서 성장했다. 그는 아주 어린 나이에 낙양에서도 유명한 서예가, 한학자, 작가가 되어 그 시대에 버금갈 만한 인물이 없다는 평을 들었다.

이처럼 유총은 한층 더 한화된 오랑캐였다.

하지만 유총의 몸속에는 흉노의 피가 흘렀다. 그는 기골이 장대하고 완력이 세서 300근짜리 활도 당길 수 있었다. 서진의 나약한 서생들과는 전혀 달랐다. 그래서 그는 위협을 받았을 때 아무 주저 없이 황위를 빼앗았고 서진의 마지막 두 황제와 그들의 왕조도 단두대로 보내 버렸다.

---

7 『진서』 「유원해재기」 참조.
8 『진서』 「유요재기劉曜載記」 참조.

서진의 두 황제는 유요에게 포로로 잡혔다. 한 명은 낙양에서(311), 한 명은 장안에서(316)에서 잡혔다. 또 유총에게 살해당할 때 한 명은 30세였고(진 회제懷帝), 한 명은 19세였다(진 민제愍帝). 죽기 전에 그들은 유총의 술자리 심부름꾼이 되어 술을 따르고 잔을 씻었다. 진 민제는 변소에서 유총을 위해 변기 뚜껑을 여는 일까지 맡아, 그를 수행하던 서진의 신하들을 소리 없이 통곡하게 만들었다.

유총은 홧김에 그들을 다 죽여버렸다.[9]

사실 죽기 전에 그들은 죽는 것만도 못한 삶을 살고 있었다. 회제가 투항한 뒤, 유총은 그를 회계군공會稽郡公으로 봉하고 식사를 대접하며 말했다.

"옛날 네가 예장왕豫章王일 때 짐이 한 친구와 함께 너를 방문한 적이 있었다. 너는 명성을 들은 지 오래됐다고 하면서 네가 쓴 노래 가사를 짐에게 보여주고 선물까지 잔뜩 주었지. 그 일을 기억하는가?"

진 회제는 말했다.

"신이 어찌 감히 잊었겠습니까. 다만 당시 용안龍顔을 익혀두지 못한 것이 한스러울 뿐입니다."

유총이 또 물었다.

"너희 사마씨 가문은 어째서 그렇게 골육상잔이 심했던 것이냐?"

"천명이 대한(유연이 세운 정권)에 있어서 신의 가문이 폐하를 위해 방을 치우고 자리를 내드리려 한 것이 신 등의 '자중지란'입니다. 만약 신

9 『진서』「효회제기孝懷帝記」「효민제기孝愍帝記」 참조.

등이 힘을 합쳐 무황제(조조)가 닦으신 기초를 더 발전시키려 했다면 폐하가 어떻게 천하를 얻으실 수 있었겠습니까?"

사마씨의 '자중지란'은 유총에게는 하늘이 내린 기회나 다름없었던 것이다! 유총은 이 말을 듣고 기분이 좋아 그 자리에서 진 회제에게 미녀 한 명을 하사했다. 비록 나중에 그 망국의 군주를 독살하고 그 미녀도 자기 것으로 만들기는 했지만.[10]

이렇게 보면 회제는 완전히 노예처럼 굴복한 모양새였는데 유총은 왜 굳이 그를 죽이려고 한 걸까?

원한과 두려움 그리고 혐오 때문이었다.

사실 유총이 두 황제를 죽인 원인은 아마도 여기에 있을 것이다. 어느 날 바깥에 사냥을 나가는 유총은 진 민제에게 군복을 입히고 앞에서 길을 열라 지시했다. 그런데 길가에 나온 백성이 그 광경을 보고 눈물을 참지 못했다. 그래서 유총은 민심이 한나라에게 있든 서진에게 있든 자신들의 가짜 행각에는 있지 않음을 예민하게 눈치챘다. 그것은 거의 바꾸기 힘든 현실이었다. 그는 살인 말고는 다른 방법이 생각나지 않았다.[11]

그때 유총의 마음은 극도로 착잡했을 것이다.

그럴 만도 했다. 신분적 정체성은 큰 문제이기 때문이었다. 사실 유연 집단이 스스로 옛날 한나라의 합법적인 계승자라고 칭한 것은 동시에 한나라 정권과 한족 문명이야말로 정통임을 인정한 것이었다. 따라 024

<hr>

10 『진서』 「유총재기劉聰載記」 참조.
11 『진서』 「효민재기」 참조.

서 그들은 중원에 합류하러 온 것이지 중원을 어지럽히러 온 것이 아니었고 중원을 멸하러 온 것은 더더욱 아니었다. 하지만 그렇게 생각해주는 사람이 없는 것이 문제였다. 그들 자신조차 생각이 불분명했다.

민족의 대융합은 아무래도 아직 갈 길이 멀어보였다.

사실 한족과 이민족 사이에서뿐만 아니라 이민족 사이에서도 갈등과 충돌, 투쟁이 있었다. 진 민제가 살해되고 11년 후, 흉노족의 '한-전조'도 멸망했다. 그때 살인의 칼을 든 사람은 또 다른 이민족 사나이였다. 그는 전조의 마지막 황제 유요를 죽이고서 중국의 북방을 자신의 무대로 만들었다.

그것은 329년의 일이었다. 중앙아시아의 흉노족이 일으킨 유럽의 민족대이동(374)까지는 아직 반세기 가깝게 남아 있었다.

유연이 왕위에 올랐을 때부터 유요가 피살되기까지 한화된 흉노족의 그 정권은 마치 밤하늘의 유성처럼 겨우 25년간 유지되었다. 하지만 통일의 국면이 붕괴되어 새로운 바람이 피비린내를 머금고 불어왔으며 새로운 민족, 새로운 문명이 피와 불이 교차하는 가운데 탄생했다. 그것은 기나긴 성화 봉송의 여정과도 같아서 완주를 위해서는 더 많은 주자가 필요했다.

갈인 석륵

전조를 대신한 나라는 후조後趙였고 후조의 황제는 석륵石勒이었다.

석륵은 갈인羯人이었다.

갈인은 소월씨小月氏(월지月支 혹은 육지肉支라고도 한다)의 후예였을 수도, 서역 이민족의 일종이었을 수도, 또 흉노족의 예속 민족 혹은 혼혈이었을 수도 있다. 어쨌든 상당上黨(지금의 산시山西성 루청潞城 일대)에 살았던 갈인은 내력이 불확실하고 행적이 미심쩍었다. 하지만 푹 꺼진 눈, 높은 콧대와 더부룩한 수염 때문에 척 보기만 해도 한족과는 다른 부류임을 알 수 있었다.[12]

사실 갈인도 압박과 차별을 받았다. 우리는 오랑캐를 뜻하는 '호胡'의 본래 뜻이 짐승의 아래턱에 늘어진 살임을 알고 있다. 또 '갈羯'의 본래 뜻은 고환이 잘린 숫양이다. 둘 다 경멸해 부르는 호칭이긴 하지만 '갈호羯胡'라고 불리는 것만큼 치욕스러운 일은 없었다.

026

---

12 『중국대백과전서: 민족』(제1판) 참고.

갈인은 오랑캐 중의 오랑캐였다.

의심의 여지없이 그들은 약소민족이었고 흉노족의 전쟁 포로나 노예로 중국에 끌려왔을 가능성이 크다. 그래서 그 전란의 시대에 갈인은 어떤 권익도 보장받지 못한 채 그저 소나 말처럼 노역에 동원되었다. 서진의 관원들은 심지어 그들을 상품처럼 시장에 내놓았다. 그렇게 여기저기 사고 팔릴 때 그들은 2인 1조로 머리에 칼을 쓰고 있어야 했다.

석륵은 바로 그런 노예였다.

노예 석륵은 본래 갈인 부락의 젊은 우두머리로서 어느 정도 신분이 있는 편이었다. 하지만 그들 민족의 운명이 비참했던 탓에 이 젊은 우두머리도 고난을 면치 못했다. 소작농을 해야 했고 장사도 했으며 나중에는 사람 장사까지 하려고 했다. 그러나 병주자사并州刺史에게 기선을 빼앗겨 오히려 그 자신이 붙잡혀 팔려가는 신세가 되고 말았다.

다행히도 주인은 그를 농노에서 해방시켜주었다. 그런데 불행히도 자유를 얻자마자 그는 다시 반란군의 수중에 떨어졌다. 이로 인해 그는 똑똑히 깨달았다. 그 약육강식의 정글에서는 핍박을 참고만 있으면 아무 미래도 없다는 것을. 갈인이 압박과 착취의 운명에서 벗어나려면 스스로 강해지는 수밖에 없었다.

석륵은 반기를 들었다.

반란군의 손아귀에서 빠져나온 뒤, 석륵은 산과 들판의 도망자들을 그러모아 흉폭한 도적 떼를 조직했다. 이를 바탕으로 그는 민가를 약탈하다가 성을 공격해 빼앗았다. 남에게 빌붙어 사는 신세를 벗어나 스스로 근거지를 마련해 통제하게 된 것이다. 그래서 그는 마침내 노예에서 장군으로 변신하여 흉노족의 한나라에서 손꼽히는 용장이 되었다. 유연이 칭제稱帝를 한 그 이듬해에는 기주冀州를 함락시켜 병력이 10여만 명까지 늘어나기도 했다.

결정적인 때가 되었다.

초야에서 우뚝 일어선 효웅으로서 석륵은 살육의 행각을 계속 이어 나갈 수도 있었다. 한족에게 누차 굴욕을 당한 갈인으로서 복수와 설욕의 힘을 충분히 갖추기도 했다. 그런데 309년에 석륵은 돌연 한족의 문화에 대한 존경과 동경을 드러냈다. 그는 군중에 한족 지식인들을 위한 부서를 세우고 군자영君子營이라는 이름을 붙이는 한편, 한족인 장빈張賓을 책임자로 높여 상빈上賓으로 봉했다.[13]

장빈은 장량張良 같은 부류의 인물이어서 당연히 그런 난세에는 출세할 기회가 적지 않다는 것을 알고 있었다. 그래서 일찍이 석륵을 자신의 유방으로 정하고 그를 찾아가 이렇게 말했다.

"제가 평생 무수한 사람을 겪었지만 장군이야말로 함께 대업을 이룰 수 있는 분임을 알고서 이렇게 보검을 들고 군중에 와 뵙기를 청했습니다."

석륵은 장빈의 예견과 지모를 여러 차례 시험하여 번번이 그 효과를 확인한 뒤, 그 빈틈없는 모사를 철석같이 믿게 되었다.[14]

13 위의 내용은 『진서』 「석륵재기상石勒載記上」과 『자치통감』 88, 89권 참조.
14 『진서』 「장빈전」 참조.

석륵이 장빈을 얻은 것은 호랑이에게 날개가 생긴 격이었다. 더구나 천부적 재능을 지닌 이 갈족 우두머리는 일찌감치 대담함과 세심함을 갈고 닦은 상태였다. 그래서 314년, 다시 말해 유요와 함께 낙양을 함락시켜 진 회제를 포로로 잡은 지 3년 만에 석륵은 장빈과 힘을 합쳐, 유주幽州를 점거하고 있던 왕준王浚을 한입에 집어삼켜버렸다.

왕준은 명문 사족 출신으로 서진 말엽에 전란을 틈타 투항자나 적의 배신자를 모아서 한 지역에 할거했다. 당시 북방 사인士人들은 이민족에게 해를 입지 않으려고 앞다퉈 그를 찾아와 몸을 의탁했다. 그런데 왕준은 자기가 사인과 단지 같은 한족이어서 그들이 의탁한다는 것을 모르고 그저 천명이 자기에게 있다고 생각해 돌연 황제의 꿈을 꾸기 시작했다. 그러느라 큰 위험이 다가오는 것도 몰랐다.

하지만 석륵은 신중했다.

유주에 군침을 흘린 지 이미 오래였던 석륵은 장빈의 건의를 받아들여 왕준에게 사자를 보내 선물과 인사 편지를 전했다. 외교적인 수사가 가득한 그 편지에서 석륵은 자신을 잔뜩 낮춰 '소호小胡', 즉 어린 오랑캐라 칭하면서 왕준이 황제가 되는 것을 지지한다고 밝혔다. 이를 보고 왕준은 놀랍고 기뻐서 그 사자에게 물었다.

"석 장군의 말이 믿을 만한가?"

사자가 답했다.

"저희 장군은 세상에서 으뜸가는 영웅이지만 황제가 되는 것에는 전혀 관심이 없습니다. 자고로 오랑캐는 명신名臣이 될 뿐이지 황제가 된 경우가 없음을 잘 알고 있습니다. 바로 이 점에서 석 장군은 식견이 남들보다 뛰어납니다."

이 말은 한족의 관념에 딱 들어맞았고 왕준도 전혀 의심하지 않았다.

왕준의 경계심이 풀어지자 석륵은 바로 습격하기로 결정했다. 석 달 뒤, 그는 왕준에게 선물을 하고 황제 등극을 권한다는 명분으로 소와 양 수천 마리를 몰고 계성薊城(지금의 베이징)에 들어갔다. 그 소와 양은 사실 골목과 거리를 봉쇄하는 용도로 쓰였다. 혹시나 왕준이 성 안에 복병을 배치했으면 그들을 상대하기 위해서였다.

하지만 복병 따위는 없었다.

미처 방비를 못한 왕준은 산 채로 잡혀 살해당했고 석륵은 이후에도 계속 승승장구했다. 서진이 멸망한 지 3년 뒤(319), 석륵은 스스로 조왕趙王이라 칭했다. 이 작위는 본래 흉노족 황제 유요가 그에게 봉해준 것이었지만 금세 두 사람은 반목해 원수 사이가 되었다. 이때 석륵은 말했다.

"조왕이면 어떻고 조제趙帝면 어떤가. 내가 되고 싶은 대로 되면 되는 거지. 호칭의 크고 작음을 설마 그자가 결정한단 말인가?"[15]

조왕이 된 석륵은 재차 한족 문화에 대한 존경을 표명했다. 그는 한족 지식인을 모욕해서는 안 된다고 명하고 따로 제후와 대부 자리를 030

15 위의 내용은 『진서』 「석륵재기상」과 『자치통감』 88, 89권 참조.

마련해 사족을 관리했다. 또한 한족과 이민족을 분리 통치하는 정책을 실행하면서 문신좨주門臣祭酒와 문생주서門生主書 직을 마련해 전자는 이민족의 소송을, 후자는 이민족의 왕래를 담당하게 했다. 물론 그는 이민족의 존엄성을 지키는 일도 잊지 않았다. 그래서 건국 후, 오랑캐라는 뜻의 호인이라는 말을 '국인國人'으로 개칭하고 '호胡'의 사용을 엄금했다.

안타깝게도 민족 간의 장벽을 허무는 것은 쉽지 않았다. 한족은 계속 습관적으로 이민족을 호인이라고 불렀다. 한번은 누가 술이 취해 궁궐에 들어왔다. 이에 석륵이 문을 지키는 관리에게 왜 엄격히 법을 집행하지 않았느냐고 꾸짖었다. 그 관리는 무심코 "취한 호인한테 어떻게 이치를 따지겠습니까?"라고 말했다. 이에 석륵은 웃으며 "호인한테는 말하기가 쉽지 않지"라고 맞장구를 쳤다.

또 한번은 알현하러 온 한족 관리의 옷이 남루한 것을 보고 석륵이 이상해서 물었다.

"그대는 설마 이 정도로 가난한가?"

그 관리가 답했다.

"신은 모든 재산을 갈적羯賊(갈인 도적 떼)에게 깡그리 털렸습니다."

석륵은 또 웃으며 말했다.

"갈적이 훔쳐간 재산은 짐이 배상해주겠네."

031 한족 관리는 그제야 자신이 실언을 한 것을 알고 넙죽 바닥에 엎드

렸다. 하지만 석륵은 말했다.

"짐의 칙령은 백성에게 내린 것이지 경 같은 나이든 서생과는 무관하네."

말을 마치고 그는 정말로 그 사람에게 거액의 돈을 하사했다.

이것은 실로 보기 드문 미담이다. 더 놀랍게도 석륵은 문화 교육을 매우 중시해서 태학太學과 소학小學의 유가 경전 시험까지 참관하곤 했다. 그 자신은 일자무식이었는데도 말이다. 하지만 석륵은 자신만의 방법이 있었다. 그 방법은 유생들에게 책을 읽혀 듣는 것이었고 행군 중에도 그것을 쉬지 않았다. 그렇게 시간이 지나다보니 노예와 강도 출신이었던 석륵에게도 서서히 학문이라는 것이 생겼다.

문맹이 아니었다면 석륵은 아마 한학자가 되었을 것이다.

교육을 중시하고 유학의 부흥을 꾀했던 그는 이미 군주의 자격을 인정받기에 충분했다. 제위에 올랐을 때 석륵은 한 신하에게 이런 질문을 했다.

"그대가 보기에 짐은 나라를 세운 제왕 중 누구와 비견될 수 있는가?"

그 신하가 답했다.

"무용과 담략은 한 고조를 뛰어넘고 호방함과 탁월함은 위 무제(조조)를 뛰어넘으며 하, 상, 주의 세 왕도 비교될 수 없는데 다만 황제黃帝에게는 조금 못 미치지 않을까 싶습니다."

석륵이 껄껄 웃고서 말했다.

"자네는 짐을 너무 치켜세우는군 그래. 사람은 자기 자신을 알아야 현명한 법일세. 만약 짐이 한 고조를 만난다면 고개 숙여 신하가 될 수밖에 없고 광무제를 만나면 누가 승자가 될지 알 수 없을 걸세. 하지만 남아대장부라면 하늘의 해와 달처럼 광명정대해야 하지 않겠나. 조씨 가문과 사마씨 가문 부자처럼 아부와 농간으로 고아와 과부를 속여 천하를 얻어서는 안 되지!"

기록에 따르면 이때 그 자리에 있던 신하 모두가 절을 하며 만세를 외쳤다고 한다.[16]

석륵의 그 말은 확실히 호기로웠으며 그의 역사적 지위도 과소평가해서는 안 된다. 흉노 유연이 한족 문명의 중심부에 쐐기를 박아 넣는 역할을 했다고 한다면 갈인 석륵은 비록 잠깐이기는 했지만, 분열되었던 중국 북방을 처음으로 다시 통일했다.

하지만 남북조의 판도가 처음으로 윤곽을 드러냈다. 흉노족의 전조를 멸한 뒤, 갈인의 후조는 요서遼西(전연前燕)와 감숙甘肅(전량前凉)을 뺀 북방 전체를 차지하고서 회하淮河를 사이에 두고 남방의 동진과 대치했다. 이것은 그 후 두 세기 반에 걸친 역사의 주된 흐름을 결정지었다. 북방은 다시 분열이 되긴 했지만 또 다른 민족이 나타나 수습하고 다시 잠정적인 통일을 이룩했다.

033 그러면 그 역사적 사명을 짊어진 사람은 또 누구였을까?

---

16 위의 내용은 『진서』 「석륵재기하」 참조.

저인 부견

흉노족과 갈인의 후계자는 저인氐人이었다.

그들은 오래된 민족이었다. 옛날 주나라 무왕武王과 손을 잡았던 강족羌族과 기원이 같을 가능성이 컸다. 오늘날의 산시陝西성 안에 살아서 한화의 정도도 높았고 역시 대대로 그 서쪽 지방에 살았기 때문에 장안에 나라를 세울 수 있었다.[17]

나라를 세우기 전에 저인은 본래 전조와 후조의 예속민이었다. 후조의 석륵이 죽고 조카 석호石虎가 제위를 찬탈했으며 석호가 죽은 뒤에는 양자 염민冉閔이 또 제위를 찬탈해 한족 정권을 세우고 국호를 위魏라 했는데 역사에서는 염위라고 불린다. 염민은 이민족에게 미친 듯이 보복을 단행하여 갈인 20여 만 명을 죽이는 바람에 민족 갈등을 일으켰고 결국 선비족鮮卑族의 전연에게 멸망당했다. 저인의 장군 부건苻建은 이 틈을 타 나라를 세우고 국호를 대진大秦이라 했는데 역사에서는

034

17 『중국대백과전서: 민족』(제1판) 참조.

이를 전진前秦이라 부른다.

하지만 전진은 부견苻堅의 시대에 비로소 중국 북방의 주인이 되었다. 바로 그가 전연(선비), 전량(한족), 대代(선비)를 멸하고 서역의 30여 개 국가를 토벌하여 중국 북방의 완전한 통일을 실현했다.

그것은 후조가 이룬 것보다 더 큰 성과였다.

그러면 석륵이 해내지 못한 것을 부견은 어떻게 해낼 수 있었을까?

한족 문화에 대한 그의 열정이 더 컸기 때문이다. 8살 때 부견은 사부를 청해 글공부를 하게 해달라고 해서 조부를 기쁘게 했다. 그때 조부는 말했다.

"우리 이민족은 지금껏 술이나 마실 줄 알았는데 이 아이는 공부를 하려고 하는구나!"

그래서 크게 칭찬하며 그러라고 했고 부견은 훗날 한학자가 되었다. 그가 태학에 시찰을 하러 가서 문제를 내면 오경박사五經博士도 때로는 대답을 못했다고 한다.

그는 실로 이민족 중의 한족이었다.

한학자 부견은 자기가 공부를 좋아했을 뿐만 아니라 다른 사람도 한족 문화를 공부하게 했다. 대국代國을 멸한 뒤, 사로잡은 대왕을 태학에 집어넣었고 어느 날 태학에 시찰을 가서 그에게 문제를 냈다.

"중원 사람은 공부를 좋아하고 장수하는데 너희 막북漠北(중국 사막 북쪽의 광대한 지역) 사람은 고기를 먹고 단명하니 그 이유가 무엇인가?"

대왕이 답을 못하자 부견이 또 물었다.

"장군을 맡을 만한 사람을 몇 명 짐에게 추천해줄 수 있는가?"

대왕이 말했다.

"우리 막북 사람들은 일 년 내내 물과 풀을 따라다니며 거주하고 사냥과 방목밖에 모릅니다. 빨리 달리는 것은 문제가 아니지만 어떻게 장군직을 맡겠습니까?"

부견이 또 물었다.

"배우는 게 좋은가?"

대왕이 답했다.

"배우는 게 좋지 않으면 폐하가 왜 군이 신을 학교에 넣으셨겠습니까?"

부견은 대단히 만족해했다.[18]

한편, 한학을 사랑한 부견에게 한족 출신 모신이 없을 리가 없었다. 그 사람은 바로 왕맹王猛이었다. 왕맹은 오랜 고심 끝에 부견을 따랐다.

그 전에 동진의 대장군 환온桓溫이 서쪽으로 전진을 정벌하러 나섰는데 왕맹은 홀로 남루한 차림으로 그를 만나러 가서 이를 잡으며 고담준론을 펼쳤다.

환온이 그에게 말했다.

"내가 중원을 회복하려 하는데 백성이 왜 호응하지 않는지 모르겠소."

18 위의 내용은 『진서』「부견재기상苻堅載記上」 참조.

왕맹은 당연히 그 이유를 알고 있었다. 환온이 서쪽 정벌에 나선 이유는 본래 정치적 자원을 손에 넣기 위해서였고 동진 조정도 그에 대해 마음을 놓지 못했다. 그래서 설사 전진을 멸하더라도 조정은 다른 고관을 파견해 중원을 지키게 할 셈이었다. 다시 말해 이기면 명성만 얻고 실익은 없으며 지면 위세도 잃고 밑천도 거덜 나게 돼 있었다. 그래서 환온은 주저하면서, 싸우지 않고 적을 굴복시키는 것 같은 저비용 고효율의 방식을 고민하고 있었다.

왕맹은 대답했다.

"장군은 불원천리 적의 후방에 깊이 침투해 장안이 지척인데도 파수灞水를 건너지 않으니 백성이 어찌 장군의 마음을 알겠습니까!"

속내를 들킨 환온은 말문이 막혔다.

왕맹은 동진과 환온이 다 미래가 없다는 것을 깨닫고 부견에게 가서 제갈량이 되기로(사실상 부견도 그렇게 그를 대했다) 결정했다. 대업을 이룰 수만 있다면 이민족이든 한족이든 무슨 상관이 있겠는가?[19]

부견과 왕맹은 석륵과 장빈처럼 금세 마음이 통했다.

왕맹을 얻고 부견은 전진의 한화를 가속화시키는 동시에 통일의 진행도 박차를 가했다. 370년, 그러니까 중앙아시아의 흉노족이 볼가강을 건너기 4년 전에 전진은 전연 정벌에 나섰다. 왕맹은 대군 앞에 나가 기세등등하게 말했다.

"나라의 은혜를 입은 나는 절대로 삶을 탐하고 죽음을 두려워하지

---

19 『진서』 「왕맹전」 참조.

않겠다. 지금 제군과 한마음 한뜻으로 큰 공을 세워 조상을 빛내고 나라에 보답하려 하는데 다들 어떻게 생각하는가?"

장졸들이 일제히 환호하며 죽기를 각오하고 용감하게 원정에 나섰다.

결국 전진은 대승을 거뒀고 전연은 멸망했다.

의심의 여지없이 여기에는 잇속의 작용이 있었다. 예를 들어 대장군 등강鄧羌은 왕맹이 자기가 요구한 직위를 허락한 뒤에야 크게 활약을 펼쳤다. 그런데 왕맹이 그 저인의 정권을 자신의 나라로 간주한 것도 마찬가지로 의심의 여지가 없었다. 그는 이미 자기가 섬기던 동진을 버리고 이민족의 나라를 조국으로 선택했다.

그런 한족은 당연히 왕맹 혼자만이 아니었다.

사실 수많은 백성에게는 누가 황제인지는 그리 중요하지 않았다. 중요한 것은 자신들의 삶이었다. 그런데 부견과 왕맹의 통치 아래, 전진은 나라가 평안하고 백성도 먹고 살기가 풍족했다. 장안에서 각 지방까지 국도를 닦고 연도에 홰나무와 버드나무를 심었으며 20리마다 정亭을, 또 40리마다 역驛을 설치해 상인들의 편의를 도모했다. 그래서 행인들의 칭찬이 길가에 온통 자자했다.[20]

전진은 결코 이유 없이 더 큰 규모의 통일을 이룩한 것이 아니었다.

그 이유는 당연히 여러 가지였지만 부견이 대대적으로 개혁을 단행한 것이 가장 주효했다. 새로 수립된 정권으로서 전진은 초기에는 부 **038**

---

20 『진서』「부견재기상」 참조.

락 시절의 습성에서 벗어나지 못했고 횡포를 부리는 귀족과 추장도 적지 않았다. 하지만 왕맹은 그들을 전혀 두려워하지 않았다. 등용되자마자 사회 기풍을 정화하고 법제를 정비하여 불법 분자들을 엄히 처단했다. 이에 기득권 세력과 저인 귀족들은 불만을 품고 어전에 고발장을 올렸다.

부견은 친히 이 사건을 심리하기로 결정했다.

흥미롭게도 부견의 판단 기준은 유가적이었다. 그는 이렇게 왕맹에게 물었다.

"짐은 덕으로 정치를 하고 인으로 백성을 다스리라고 들었네. 그대는 임명된 지 며칠도 안 돼 많은 사람을 죽였는데 왜 그렇게 혹독한가? 너무 지나치다는 생각은 들지 않는가?"

왕맹이 말했다.

"평안한 나라는 예로 다스리고 혼란한 나라는 법으로 다스려야 합니다. 천하가 태평하면 당연히 모두가 화기애애할 수 있지만 난폭하고 교활한 자들이 판을 치면 반드시 매운 주먹을 휘둘러야 합니다."

사실 그는 마지막까지 차마 얘기 못한 한마디가 있었을 것이다.

"학식 있고 예절 바른 사람은 당연히 온화하게 대해도 되지만, 교양머리 없는 야만인한테는 채찍이 답입니다!"

이야기를 다 듣고서 부견은 자연스레 왕맹이 법가이며 관중管仲이나 자산子産 같은 부류의 인물임을 깨달았다. 그는 왕맹의 개혁을 수긍하고 지지했고 그 성과가 처음 나타났을 때는 이렇게 찬탄했다.

"오늘에서야 짐은 천하에 법이 있고 천자에게는 존엄함이 있다는 것을 알았다."[21]

물론 부견도 왕맹도 유가와 법가를 병용했다. 엄격한 법률과 형벌로 횡포한 세력가와 부패한 관리를 응징하는 한편으로 농업과 양잠업을 장려하고 교육과 예절을 중시해 부견 스스로 한 달에 세 번씩 태학에 왕림했다. 부견은 이에 대해 꽤나 자부심을 느꼈는지 한 번은 어느 유학 박사에게 이런 질문을 했다.

"짐이 유가를 높이는 것이 한나라의 두 무황제武皇帝(한 무제와 광무제)와 비견할 만하지 않은가?"

그 박사는 답했다.

"어찌 두 무황제가 폐하와 비견되겠습니까?"

부견은 껄껄 웃었다. 그가 보기에 전진은 한 제국의 재생이었고 자신은 한족 문명의 대표자였다. 그는 심지어 득의양양해서 이런 말까지 했다.

"주공周公과 공자의 전통이 짐의 손에서 중단될 일은 없을 것이다."[22]

그는 자신을 중화 문명의 계승자로 인식한 것이다.

하지만 왕맹은 전진이 무슨 일을 해도, 또 그 일을 아무리 잘해도 중화의 정통은 동진에 있다고 다들 생각하는 것을 잘 알고 있었다. 그래서 임종을 앞두고 부견에게 이런 유언을 남겼다.

21 『진서』 「부견재기상」 「왕맹전」 참조.
22 『진서』 「부견재기상」 참조.

"신이 죽은 뒤, 절대로 동진을 정벌하시면 안 됩니다."[23]

부견은 목 놓아 울었지만 왕맹의 당부는 그냥 흘려들었다.

왕맹이 죽은 지 8년 뒤(383), 부견은 동진을 집어삼키려는 전쟁을 일으켰다. 그 전에 그는 이미 전량과 대국을 멸했고 선비족의 모용수慕容垂와 강족의 요장姚萇도 투항하게 만들었다. 그래서 오직 자신만이 천하를 통일할 수 있다고 생각해 이런 호언장담까지 했다.

"장강長江이 험하니 어쩔 것인가? 내 100만 부하가 나뭇가지 하나씩만 던져도 장강의 물길을 끊을 수 있다."[24]

하지만 그 결과는 어땠을까?

장강은 물길이 끊기지 않았다. 물길이 끊긴 강은 비수淝水였고 전진 장졸들의 시체로 그렇게 되었다. 화살에 맞아 전장을 탈출한 부견과 그의 부하들은 바람 소리, 학 울음소리만 들려도 동진의 추적대가 아닌지 의심했다. 그 전에 처음 전투가 벌어지기 전에는 팔공산八公山의 초목이 다 동진의 군사로 보이기도 했다. 그래서 부견의 중화 문명에 대한 마지막 공헌은 '바람소리 학 울음소리도 다 적 같다風聲鶴唳'와 '초목이 다 군사로 보인다草木皆兵'라는, 놀라서 별것을 다 의심하는 것에 관한 두 가지 고사성어를 남긴 것이다.[25]

비수는 부견의 맥성麥城(관우가 궁지에 몰려 최후를 마친 성)이자 워털루(나폴레옹이 영국, 프로이센 연합군에 패퇴한 전투가 벌어진 벨기에 남동부 지역)였다.

041 천천히 솟아올랐던 또 한 명의 정치적 스타가 순식간에 몰락했다.

---

23 『진서』 「왕맹전」 참조.
24 『진서』 「부견재기하」 참조.
25 『진서』 「부견재기하」 「사현전」 참조.

그 전까지는 너무나 화려하게 빛났지만 어쩔 수가 없었다. 빠르게 흥한
만큼 멸망도 급작스러웠다.

우리는 여기에 숨겨진 비밀을 숙고하지 않을 수 없다. 그러면 비수대
전에 관해 살펴보기로 하자.

재분열

어떤 의미에서 보면 동진과 전진, 나아가 전 중국의 운명을 결정한 비수대전은 감독 없이 연출된 대형 야외 쇼와도 같았다. 당시 양쪽 군대의 선봉대가 각기 비수에 도착했고 후발대도 속속 모여들고 있었다. 부견이 직접 이끄는 전진군은 모두 97만 명으로 그 진용이 천 리 밖까지 펼쳐져 있었다. 이에 반해 동진의 병력은 겨우 8만 명에 불과했다.

그런데 약한 동진군이 먼저 싸움을 걸었다.

동진군의 도전장은 마치 초대장처럼 써졌다. 그들은 사신을 시켜 강을 건너 전진군 총사령관에게 그것을 전하게 했다.

"귀군은 불원천리하고 이곳까지 왔지만 강 앞에서 진을 치고 마치 집에 머무는 듯한 모양새이니 이래서야 솜씨를 발휘할 수 있겠습니까? 청컨대 귀군이 몇 걸음 뒤로 물러나 양쪽 장병들이 겨루게 조금 자리를 내주고 본인과 귀하들은 말 위에서 천천히 감상하는 것이 시원하지 않겠습니까?"

물론 그러는 편이 더 시원하기는 했다. 단지 의심을 떨치기가 어려울 뿐이었다.

의심스러운 것이 당연했다. 필승의 자신이나 필사의 결심이 없다면 동진군이 건너와서 강을 등지고 싸울 리가 없었다. 그러나 부견은 대수롭지 않게 동진군의 그 수상쩍은 청을 들어주었다. 그는 말하길, "건너오라고 해라! 건너오기만 하면 내가 수십만의 기병으로 놈들을 에워싸 소탕해버리겠다. 놈들이 어떻게 참패하는지 내가 똑똑히 보여주마!" 라고 했다.

부견의 생각은 일리가 없지 않았으며 근거가 없지도 않았다. 사실 그는 교전을 두려워하지 않았다. 동진군이 후퇴해 장강을 굳게 지키는 것이 두려울 뿐이었다. 하물며 당시 그에게는 백만 명의 압도적인 대군이 있었다.

그래서 부견은 퇴각 명령을 내렸다.

곧장 동진군 중 8000명이 강을 건넜다.

그렇다. 겨우 8000명이었다.

하지만 천만뜻밖에도 전진군은 퇴각을 멈추지 못했다. 그들은 몇 걸음 뒤로 물러나 멈춰 서서 진을 치고 적을 기다린 것이 아니라, 속수무책으로 대오가 무너져 패주했다. 부견의 동생인 부사령관 부융符融이 직접 말을 타고 나섰지만 막을 수가 없었고 되레 말에서 떨어져 패잔 **044**

병에게 살해당했다. 부견도 날아든 화살에 맞아 허겁지겁 도망칠 수밖에 없었다.

비수를 건너간 동진군은 당연히 하늘이 내린 이 기회를 놓치지 않고 전력을 다해 쳐들어갔다. 총사령관을 잃은 전진군은 혼비백산해서 밤낮으로 미친 듯이 도망쳤다. 그러다가 서로 밟아 죽인 시체가 들판과 시내를 가득 메웠다. 비수대전은 이렇게 막이 오르자마자 급작스러운 반전으로 인해 끝이 나버렸다.[26]

그것은 정말 괴이한 일이었다.

전진군은 본래 동진군과 결전을 치를 전장을 내주기 위해 조금 물러나려던 것뿐이었다. 그런데 부견이 퇴각 명령을 내리자마자 그의 군대는 죄다 도망병이 돼버렸고 조직의 규율 같은 것은 전혀 찾아볼 수 없었다. 설마 전진의 백만 대군은 오합지졸에 불과했던 것일까? 그들은 알아서 패배를 당할 준비가 돼 있었던 것일까?

바로 그랬다.

사실 부견은 그 전쟁을 일으키면서 인심을 얻지 못했다. 그가 어전회의를 열어 전쟁에 관해 논의할 때부터 반대의 목소리가 거셌다. 관리들뿐만 아니라 장수들도, 그의 동생 부융도 찬성하지 않았다. 그때 부융은 이렇게 말했다.

"과욕과 무력의 남용은 모두 나라를 망하게 합니다. 하물며 중화의 정통성이 아직 동진에 있어 하늘이 그들을 보우하는데 우리 같은 이민

---

26 『진서』 「부견재기하」 「사현전」, 『자치통감』 105권, 타이완삼군대학臺灣三軍大學의 『중국역대전쟁사』 참조.

족이 어떻게 그들을 멸하겠습니까?"[27]

꼭 이치에 맞지는 않더라도 이것이 당시의 공통된 인식이었다.

그래서 동진은 부패하기는 했지만 여전히 민심의 지지를 받았다. 예를 들어 동진의 장수 주서朱序는 부견에게 잡혀 투항을 했는데도 동진군의 밀정 노릇을 했다. 바로 그가 동진의 군영에 항복을 권유하러 가서는 전진군이 아직 정비되지 않은 틈을 타 서둘러 손을 쓰라고 건의했다. 또한 바로 그가 전진군이 막 퇴각할 때 "부견이 패했다!"라고 외쳐, 수습할 수 없이 대오가 무너지는 상황을 초래했다.

그러나 주서의 거짓 외침은 도화선일 뿐이었다. 만약 전진군이 사기가 높았다면 주서는 목적을 달성하지 못했을 것이다. 반대로 전진군은 처음부터 군심이 동요하고 있었기 때문에 그 거짓 외침 한마디에 우르르 무너지고 말았다.

사실 부견과 부융 형제조차 전투 전에 자신이 없었던 탓에 멀리 팔공산을 보고 그 산의 초목이 다 적병으로 보였다. 그런 심리는 곧 장병들에게 전염되었으며 결국 모두가 공황 상태에 빠지고 말았다. 바꿔 말해 그들은 전투에 몰입하지 못하고 싸우기도 전에 벌써 도망칠 준비가 되어 있었던 것이다.

27 『진서』「부융전」참조.

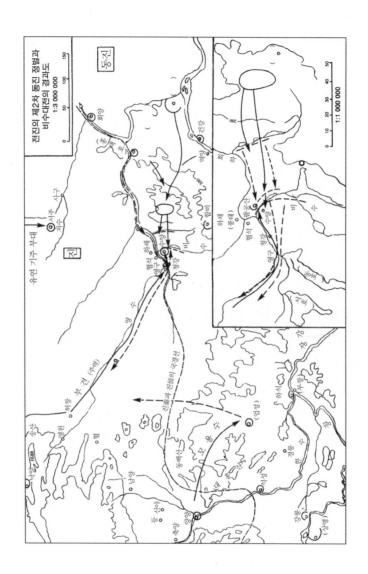

전진의 제2차 동진 정벌과
비수대전의 경과도
1:3 000 000

부견과 그의 전진군은 겁을 집어먹었다.

더구나 그들은 확실히 오합지졸이었다. 부견의 백만 대군에는 한족, 저인, 갈인, 강족, 선비족이 다 있었다. 한족은 같은 한족을 공격할 마음이 없었고 강족과 선비족은 딴 마음을 품고 있었다. 왕맹과 부융은 모두 동진은 무너뜨릴 수 없고 강족과 선비족이야말로 고질병 같은 존재라고 말했다. 부융은 심지어 강족의 요장과 선비족의 모용수가 동진을 정벌하라고 전진을 부추기는 것은 따로 꿍꿍이속이 있기 때문이라고 지적했다.[28]

안타깝게도 부견은 그들의 말을 듣지 않았다.

왕맹과 부견의 말은 사실로 증명되었다. 비수대전이 끝난 뒤, 모용수는 그나마 의리 있는 태도를 보였다. 겨우 남은 3만의 병력으로 부견을 호위해 서쪽으로 돌아갔다. 부견의 남은 병력은 1000여 명밖에 안 됐는데도 말이다. 하지만 돌아가는 도중에 역시 두 사람은 각자 제 갈 길로 갔다. 이듬해, 모용수는 왕이라 칭하고 나라를 세웠다. 역사에서는 이를 후연後燕이라 부른다.[29]

요장은 그렇게 예의바르지 않았다.

비수대전이 일어나기 전, 부견에 의해 용양龍驤 장군으로 임명된 요장은 본래 강족이었다. 대대로 서쪽 지역에 살았던 저인과 마찬가지로 강족도 오래된 약소민족이었다. 일찍이 상나라와 주나라의 교체기에 흥성하여 대대로 주나라 왕과 통혼을 하기도 했지만 위진魏晉 시대에 와

---

28 『진서』「부견재기하」「왕맹전」, 『자치통감』 105권 참조.
29 『진서』「부견재기하」「모용수재기慕容垂載記」, 『자치통감』 105권 참조.

서는 이미 기력이 쇠한 상태였다. 하지만 요장 덕분에 이 민족은 오호 십육국 시대에 다시 역사의 무대에 등장했다. 비록 그 기간은 길지 않았고 정권도 강하지는 못했지만.

강족의 정권은 후진後秦이라 불렸다.

후진은 모용수가 왕이라 칭한 뒤에 세워졌다. 그때 선비족이 세운 정권은 모용수의 후연 외에 모용홍慕容泓의 서연西燕도 있었다. 그래서 요장은 두 연나라와 전진 사이에서 어부지리를 취하기로 마음먹었다.

실제로 그는 그날이 오기를 기다렸다.

비수대전이 치러진 지 2년 뒤, 선비족의 서연군이 장안을 공격해 함락시켰다. 요장은 그때를 틈타 오장산五將山(지금의 산시陝西성 치산岐山)에서 적을 맞으러 성 밖으로 나온 부견을 포로로 잡고 뻔뻔하게도 전국옥새傳國玉璽(진시황 때 만들어져 국가를 이어 전승된 보물 옥새)를 요구했다.

부견은 노발대발하며 요장을 통렬히 꾸짖었다.

"이 대담한 강족 녀석이 감히 천자를 협박하다니! 옥새는 진즉에 동진에 넘겼다. 설사 짐의 수중에 있더라도 너 같은 놈에게는 줄 수 없다. 우리 오호의 서열에서 너희 강족의 이름은 없다!"

요장은 다시 부견에게 선양禪讓(덕 있는 사람에게 왕위를 양도하는 요순시대의 이상적인 정권 교체 방식)을 요구했다. 이에 부견은 또 욕을 했다.

"이 반적 놈이 감히 옛사람의 흉내를 내다니!"

요장은 어쩔 수 없이 그를 절에서 목 졸라 죽였다. 짧은 기간에 북방

을 통일한 그 뛰어난 이민족 군주는 그렇게 비명횡사하고 말았다.[30]

사실 비수대전 이후 전진이 국력을 회복하지 못하는 바람에 북방은 다시 분열 상태에 빠졌다. 첫 단계에서는 전진(저인), 후연(선비족), 서연(선비족), 후진(강족), 서진西秦(선비족), 구지仇池(저인), 북위北魏(선비족), 후량後涼(저인) 이렇게 여덟 나라로 분열되었다. 이 분열은 단 3년이 걸렸으며 이 여덟 나라는 384년부터 394년까지 10년간 병존했다.

그 후로 반세기 동안은 끊임없이 건국과 망국이 이어졌다. 새로 세워진 나라는 남량南涼(선비족), 북량(흉노), 남연南燕(선비족), 서량西涼(한족), 북연北燕(한족), 호하胡夏(흉노)였고 망한 나라는 전진, 서연, 후량, 후연, 남연, 남량, 후진, 서량, 서진, 호하, 북연, 북량이었다. 나중에 남은 나라는 북위와 구지뿐이었다.

하지만 구지의 멸망은 시간문제일 뿐이었다.

마지막 승자는 북위였다.

북위는 오호십육국의 종결자이자 남북조의 창립자였다. 그 시대는 남방에서는 동진을 계승했고 북방에서는 오호십육국을 계승했다. 남방과 북방의 세력이 오랫동안 대립했기 때문에 역사에서는 남북조라고 불린다.

남조는 송, 제, 양, 진陳을, 북조는 북위, 동위東魏, 서위西魏, 북제北齊, 북주北周를 포괄한다. 남조는 한 정권이 다른 정권을 대체했으며 북조는 먼저 북위가 동위와 서위로 나뉘고 그 다음에는 북제와 북주가 각

---

30 『진서』「부견재기하」「요장재기姚萇載記」, 『자치통감』 105, 106권 참조.

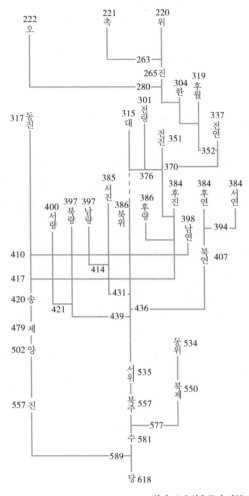

위진, 오호십육국과 남북조, 수당 흥망표

기 동위와 서위를 대체했다. 그리고 북주가 북제를 멸한 뒤, 북방은 다시 통일을 실현했다. 북주를 대체한 수나라가 남조의 진나라를 멸한 뒤에는 전 중국이 통일되었다.

확실히 남북조의 주요 무대는 북위였다. 그 전의 십육국은 부단히도 정권이 바뀌었다. 맨 처음 두각을 드러낸 것은 흉노족(대한-전조)이었고 두 번째는 갈인(후조), 세 번째는 저인(전진), 네 번째는 강족(후진)이었다. 그중에서 후조와 전진이 잠시 북방을 통일하기는 했지만 북위는 장장 한 세기 가깝게 통일을 유지했다. 그 전에 그토록 많은 민족이 빚어낸 소란과 연이은 이합집산은 모두 북위를 위한 것인 듯했다.

마침내 선비족이 무대에 오를 차례가 되었다.

제2장

선비족

환관에게 살해된 태무제 탁발도는 수수께끼 같은 인물이었다.
하지만 바로 그의 시대에 중국 북방을 통일한 북위가 정식으로 북조가 되었고
이민족과 한족의 융합에서 전반적인 한화로의 발전 과정이 시작되었다.

차이니즈 부츠

선비족이 정식으로 역사의 무대에 등장했을 때 등자가 출현했다.

게다가 한쪽만 있는 단등자가 아니라 양쪽이 다 갖춰진 쌍등자였다.

등자만큼 단순하면서도 위대한 발명품은 없을 것이다. 그것은 거의 인류사를, 적어도 전쟁사를 다시 썼다. 우리는 말이 전쟁에 참가한 것이 처음에는 모두 병거전兵車戰이었음을 알고 있다. 나중에야 기병이 생겼는데 그 전투력은 매우 제한적이었다. 등자가 없으면 말을 달리면서 활을 쏘거나 칼을 휘둘러 적을 죽이려 할 때 말에서 굴러 떨어지기 십 상이기 때문이었다.

그런데 등자가 기병을 가장 무서운 적으로 탈바꿈시켰다. 등자가 힘을 지지해주면서 기병은 달리는 말 위에서 안정적으로 활을 쏘고 칼을 뽑아 좌우로 내리칠 수 있게 되었다. 창을 휘두르며 전진할 때도 긴 창의 위력이 크게 증대되었다. 결국 등자는 마상의 백병전을 가능하게 해

055

주었다.

물론 그들은 장화도 신어야 했을 것이다.

어쨌든 사람과 말이 하나가 되는 기병은 무적의 전력으로 바뀌었다. 이 살상력 높은 기동 부대를 앞세워 당나라는 서돌궐과 토욕혼土谷渾을 격파하고 농업민족이 유목민족을 대규모로 격파하는 기적을 창조했다. 또한 바로 이 등자로 인해 유럽에서 기사계급과 봉건제도의 출현이 촉진되기도 했다. 이런 면에서는 역사가 과학기술의 진보에 의해 만들어진다는 의견이 설득력을 가질 수 있다.[1]

등자가 서양에 전해진 것은 보통 8세기라고 하며 등자의 발명자는 '차이니즈'로 알려져 있다. 그래서 등자는 '차이니즈 부츠'라고 불리기도 했다. 그런 '부츠'는 중국에서 다수 출토되었으며 선비족과 관계가 없지 않았다. 예를 들어 가장 이른 시기의 쌍등자 실물과, 쌍등자가 그려진 도용陶俑은 선비족이거나 선비화된 한족의 고분에서 발견되었다.

그 두 고분 중 하나는 북연에, 다른 하나는 북위에 속한다.[2]

그렇다고 해서 꼭 선비족이 등자의 발명자라는 것은 아니다. 등자의 발명은 확실히 더 오래되었고 또 애초에는 단등자였다. 하지만 '차이니즈 부츠'의 명성은 그들에게 돌리는 것이 아마도 온당할 것이다. 어쨌든 그들의 한 쌍의 '부츠'가 중국 민족을 위해 새로운 길을 열어주었기 때문이다.

이제 선비족에 관해 살펴보기로 하자.

---

1 린 화이트Lynn Townsend White, 『중세의 기술과 사회 변화Medieval Technology and Social Change』(Oxford University Press, 1966) 참조.

2 1965년 랴오닝성 베이퍄오시北票市의 펑소불馮素佛 석곽묘에서 출토된 쌍등자는 현존하는 세계 최초의 실물 쌍등자로서 유럽에서 출토된 것보다 300년 이상 앞선다. 펑소불은 오호십육국 시대 북연의 선비화된 한인 귀족이었고 415년에 죽었다. 1977년 후허하오터시 다쉐로大學路의 북위 중기 묘에서 출토된 도용의 등자 그림 역시 탁발부 선비족이 등자를 사용했다는 물증이다.

선비족은 동호계東胡系 소수민족 중 하나였다. 그들은 본래 다싱안 링大興安嶺의 숲속, 다시 말해 오늘날 어룬춘족鄂倫春族의 거주 지역에서 살았다. 그리고 그들이 '선비'라고 불린 것은 다싱안링이 '선비산鮮卑山' 이라고 불렸기 때문일 가능성이 크다. 그들이 사용한 언어는 돌궐어에 초기 몽골어와 퉁구스어가 섞인 형태였을 것이다.

그들은 오래된 삼림 민족이었다.

나중에 그들은 숲을 벗어나 초원으로 나갔고 흉노족의 변방 옛 땅 을 물려받아 스스로 유목민족이 되었다. 서쪽과 남쪽으로 이주한 뒤에 선비족은 다양한 민족과 피를 섞으며 우문부宇文部, 모용부慕容部, 단부 段部, 걸복부乞伏部, 독발부禿髮部, 탁발부拓跋部 같은 여러 부족을 형성했 다. 그들은 느슨한 정치군사연합체를 조직하여 북방의 광활한 대지를 점거했다.

선비족의 각 부족은 혼혈로 인해 용모가 다양했다. 그중 가장 아름 다운 부족은 피부가 하얀 모용부였으며 이로 인해 그들은 따로 백로 白虜, 즉 하얀 오랑캐라고 불렸다. 모용부의 젊은 여자들은 다수가 동진 의 황족과 사족의 여자가 되었다. 예를 들어 진 명제明帝 사마소의 어머 니도 모용부 출신이었다. 그래서 그 한족 황제는 노란 머리칼뿐만 아니 라 강인하고 과단성 있는 성격까지 물려받아 결국 왕돈王敦이 제위를 찬탈하지 못하게 했다.

057   모용부는 선비족의 부족들 중 가장 뛰어났다.

실제로 선비족 중에서 가장 먼저 두각을 드러내 전연(337), 후연(384), 서연(384), 남연(398) 네 정권을 세웠다. 그밖에 걸복부와 독발부도 하나씩 정권을 세웠다. 걸복국인乞伏國仁의 서진(385)과 독발오고禿髮烏孤의 남량(397)이 그것이었다.

가장 낙후된 부족은 탁발부였다.

탁발부는 우문부처럼 남자들이 다 머리를 밀고 정수리의 머리카락만 길게 땋아 늘어뜨렸기 때문에 색두索頭 혹은 색로索虜라고 불렸다. 심지어 다싱안링에서 후룬베이얼呼倫貝爾 대초원으로 이주한 뒤에도 그 부족은 원시적이고 야만적인 풍속을 유지하면서 한족의 문화를 받아들이기를 거부했다.

훗날 북위의 개혁이 얼마나 어려웠을지 알 수 있는 대목이다.

그런데 이 가장 낙후된 부족이 결국 새로운 시대와 새로운 문화의 창건자가 되었다. 여기에는 당연히 무척이나 많은 사연이 있겠지만 틀림없이 258년이 가장 중요한 해였을 것이다. 그해, 선비족 탁발부는 음산陰山 남쪽 기슭의 성락盛樂(지금의 내몽골 허린거얼和林格爾)에서 부족 대회를 열고서 자신들이 부락에서 부락연맹으로 성장했으며 향후에는 나라를 이룩하겠다고 선포했다.

그때는 아직 삼국 시대였다. 조씨의 위나라와 그 후의 서진, 동진 그리고 떠들썩했던 오호십육국은 그 미약한 부족의 존재를 인지하지도 못했다. 그러니 그들이 장차 북방을 제패할 것이라고는 더더욱 상상하지 못했다. 오로지 탁발부 사람들만 음산 아래에서의 그 세월을 똑똑히 기억하여 나중에 북위로, 그리고 동위로 변한 284년 후에도 이런 감동적인 노래를 불렀다.

칙륵勅勒(지금의 내몽골 투모터土黙特 평원현)의 시내는
음산 아래 흐르고
하늘은 파오처럼
온 들판을 뒤덮었네
하늘은 푸르디푸르고
들판은 넓디넓은데
바람 불어 풀 누우면 소와 양이 보이네

본래 이 노래의 원문은 선비어였다고 하는데 중국어로 번역된 뒤에도 웅혼한 기운이 넘친다. 번역자인 곡률금斛律金은 칙륵어를 썼던 선비족 곡률부斛律部 사람으로 한족인 고환高歡의 요구로 이 노래를 번역해 불렀다. 그래서 중국어로 번역된 이 「칙륵가」는 그 자체로 문화 교류와 민족 융합의 증거이자 상징이다.[3]

음산 남쪽 기슭에 정착한 선비족 탁발부는 천천히 문명사로 진입했다. 반세기 후, 부락연맹의 대추장이 서진에 의해 대공代公으로 봉해졌고 그 다음에 또 대왕代王으로 승격되었다. 하지만 그것은 서진의 유화

---

3 이상은 『위서魏書』「서기序紀」, 『북사北史』「위본기魏本紀」, 『중국대백과전서: 민족』(제1판), 린휘샹林惠祥의 『중국민족사』, 판원란范文瀾의 『중국통사』, 젠보짠翦伯贊의 『중국사강요』, 판수즈樊樹志의 『국사개요』, 저우스펀周時奮의 『중국역사 11강』 참조.

정책의 결과였을 뿐이며 탁발부의 각 부락을 대표하는 소추장들은 절대 권력을 지닌 국왕의 존재를 탐탁지 않게 생각했다. 유목 생활을 정착 생활로 바꾸는 것조차 모두 반대했다.

결국 허약했던 대나라는 강대한 부견에게 멸망당했는데 그때는 376년으로, 서고트족이 도나우강을 건넌 바로 그해였다. 대나라의 멸망은 전진의 북방 통일과 함께, 선비족 탁발부의 문명화의 좌절을 의미했다. 그 후로 10년 동안 그들은 더 강력한 리더가 나타나 자신들을 초원에서 우뚝 일으켜 세워줄 때까지 실패를 곱씹으며 기다려야만 했다.

그 리더는 탁발규拓跋珪였다.

그가 세운 왕조의 이름은 위였으며 역사에서는 북위라고 불린다.

탁발규는 우천牛川(지금의 후허하오터呼和浩特)에서 왕이라 칭하고 나라를 세웠으며 그때는 386년이었다. 12년 뒤(398), 그는 또 평성平城(지금의 산시山西성 다퉁大同)으로 천도하여 스스로 황제라 칭했다. 그 후, 493년에 효문제孝文帝 탁발굉拓跋宏이 낙양으로 천도할 때까지 평성은 줄곧 북위의 수도였다.

북위는 오호십육국과는 완전히 다른 정권이었다.

오호십육국은 모두 수명이 짧았다. 대부분 20~30년이었고 극히 일부가 40여 년이었으며 가장 짧은 경우는 겨우 2~3년이었다. 60년을 넘긴 경우가 한 나라 있기는 하지만 아무도 주목하지 않은 변방의 소국(전량)이어서 언급할 가치가 없다. 하지만 북위는 한 세기 반이나 존재했고 또 한 세기 가깝게 중국 북방의 완전한 통일을 유지했으므로 오호십육국과 똑같이 취급할 수는 없다.

더 중요한 것은 북위가 하나의 정권이자 나라였을 뿐만 아니라 한족조차 그 정통성을 인정한 왕조였다는 사실이다. 왕조는 국가와 다르다. 삼국 시대에도 오직 조위曹魏 즉 조씨의 위나라만이 억지로 왕조에 속할 만했고 오나라와 촉한은 속하지 못했다. 오직 북위와 그 후의 네 정권만이 남방의 네 정권과 함께 나란히 북조와 남조로 불렸다.

그것은 중국 역사에서 처음 있는 일이었다.

오호십육국과 남북조도 결코 같이 논할 수 없다.

북위에 비견될 만한 서양의 나라는 아마도 훗날 카롤링거 제국으로 발전한 프랑크 왕국일 것이다. 실제로, 다섯 이민족 중에서 선비족 탁발부만이 진정으로 역사를 쇄신한 것처럼 유럽 게르만족의 여러 야만족 중에서 오직 프랑크족만이 역사에 길이 남을 대업을 성취했다. 그 안에 숨겨진 비밀은 당연히 숙고할 만한 가치가 있다.[4]

---

4 가와모토 요시아키川本芳昭, 『중화의 붕괴와 확대: 위진남북조中華の崩壊と擴大: 魏晉南北朝』(講談社, 2005) 참조.

부락연맹에서 제국으로

만약 역사에 우연의 일치가 있다면 중국과 로마의 운명이 그랬다고 할
수 있다. 서진의 멸망 전후, 다섯 이민족이 자신들의 정권을 세웠다. 차
례대로 보면 흉노족의 대한-전조(304), 갈인의 후조(319), 선비족의 전연
(337), 저인의 전진(351), 강족의 후진(384)이었다. 물론 여기에서 말하는
선비족은 모용부다.

　바로 이어서 탁발부가 등장했다.

　마찬가지로 서로마의 멸망 전후, 게르만계의 다섯 야만족이 나라를
세웠다. 차례대로 보면 서고트족(419), 반달족(439), 부르군트족(457), 프
랑크족(486), 동고트족(493)이었다. 이것은 중국사를 그대로 재연한 것과
다름없다. 단지 시간적으로 딱 한 세기가 늦었을 뿐이다.[5]

　게르만족은 유럽의 오호였다.

　프랑크족은 게르만족 중의 북위였다.

5　409년 세워진 수에비 왕국이 서고트 왕국보다 이르기는 했지만, 로마 제국에게 인정을 받은 첫 번
째 야만족 왕국은 서고트 왕국이었다(류밍한劉明翰 주편, 『세계사: 중세』 참조). 그래서 여기에서는
수에비 왕국과, 568년에 비로소 세워진 롬바르드 왕국은 제외했다.

실제로 이 두 민족의 길은 비슷했다. 프랑크족과 탁발부는 모두 처음에는 왕국이었다가 나중에 제국이 되었고 또 제국으로 가는 도정에서 좌절을 겪었다. 탁발부의 대나라는 멸망을 당했고 프랑크족은 분열에 빠졌다. 그러나 중국의 중당中唐 시기에 프랑크족의 카롤링거 제국은 이미 오늘날의 프랑스, 독일, 네덜란드, 벨기에, 오스트리아, 이탈리아와 스페인의 일부를 다 포괄했다.

그것은 북위보다 더 놀라운 일이었다.

다른 어떤 게르만족 국가도 비견될 수 없었다. 차례로 수립된, 스페인의 수에비 왕국(409)도, 이탈리아의 롬바르드 왕국(568)도 마찬가지였다. 사실상 프랑크족만이 갈기갈기 찢어진 로마 세계에서 진정으로 새로운 힘이었다. 이 힘은 역사적인 힘이지 민족적인 힘이 아니었기 때문에 그 안에서 프랑스와 독일이라는 두 제국이 탄생할 운명이었다.[6]

프랑크족은 스스로 자랑스러워할 만했다.

그들이 더 자랑스러워할 만한 것은 탁발규나 그 전의 유연, 석륵, 부견처럼 스스로 황제라 칭하지 않고 하느님의 대리인을 통해 황권을 부여받은 것이었다. 교황 레오 3세는 800년의 성탄절에 카롤루스 대제를 위해 대관식을 열고 그에게 서로마 제국의 부활을 뜻하는 아우구스투스라는 칭호를 수여했다.

이 일은 동로마 황제의 불만을 샀다. 그는 자신이야말로 로마 제국의 유일한 계승자라고 생각했기 때문이다. 더구나 프랑크 왕국 초대 국왕

6 웰스의 『세계사강』과 데이비즈의 『유럽사』 참조.

의 칭호도 동로마 황제가 수여해준 것이었다. 하지만 814년, 동로마도 카롤루스의 제위를 인정해주지 않을 수 없었다. "하늘에 해가 둘일 수 없고 사람에게 군주가 둘일 수 없다天無二日, 人無二君"라고 주장했던 한 족 사대부들이 북위도 왕조임을 인정해야 했던 것처럼 말이다.[7]

정말 놀랄 만큼 유사하다!

프랑크족의 탁발규는 클로비스였다. 탁발규가 탁발부 선비족의 수령 이었던 것처럼 그는 잘리어 프랑크족의 추장이었다. 심지어 서로 상의 라도 한 것처럼, 탁발규가 우천에서 평성으로 천도를 했듯이 클로비스 도 수아송에서 파리로 수도를 옮긴 적이 있었다.

그들은 역사적 사명도 일치했다. 그것은 야만적인 부락을 문명국가 로 개조하는 것이었다. 직면한 현실적인 문제도 같았다. 그것은 자신들 과 함께 천하를 평정한 형제들을 어떻게 위로하고 보상해주느냐는 것 이었다. 어쨌든 클로비스든 탁발규든 무력으로 정권과 기반을 탈취했 기 때문이었다.

클로비스는 친위병과 신하와 주교에게 토지를 나눠주는 방법을 택 했다. 이것은 그에게 비용이 아주 많이 드는 방법은 아니었다. 왜냐하 면 그 토지는 본래 로마 황실과 로마 국고에 속한 것을 몰수한 것이어 서 그는 자기 주머니를 털 필요가 없었기 때문이다.

그렇게 아낌없이 베푼 덕에 클로비스는 군사귀족들을 만족시켰을 뿐만 아니라 골 지역 주교들의 환심도 샀다. 하지만 그런 완전 사유지

7 류밍한 주편, 『세계사: 중세』 참조.

의 지급은 결국 왕국의 재정을 어렵게 만들었다. 그래서 200년 뒤, 프랑크족은 뛰어난 개혁가를 탄생시키고 그를 통해 새로운 제도를 만들어야 했다.

그 개혁가의 이름은 카롤루스 마르텔이었다.

카롤루스 마르텔이 택한 방법은 '하사下賜'를 거래로 바꾸는 것이었다. 가신은 봉토를 얻을 수 있되, 그 조건으로 의무를 다하고 병역을 책임져야 했다. 봉토는 밑으로 층층이 분봉할 수도 있었지만 세습은 할수 없었다. 가신이 죽으면 주군은 봉토를 회수했다. 가신의 자손이 봉토를 계승하려면 새로 계약을 맺고 다시 새로운 공을 세워야 했다.

그것을 봉토제라고 불렀다.

봉토제의 주된 수혜자는 기사였다. 그래서 기사계급이 탄생했다. 기사들의 용감한 활약에 힘입어 카롤루스 마르텔은 아랍인을 격파하고 프랑크 왕국을 이슬람 문명의 유럽 침투를 저지하는 장벽으로 만들었다. 그 본인은 '마르텔'이라는 칭호를 얻었는데 그것은 쇠망치라는 뜻이었다.

봉토제와 함께 봉건제도 탄생했다.

봉건제도 필연적으로 탄생했다. 로마 제국과 로마 문명의 붕괴 이후, 의지할 데를 잃은 사람들은 더는 민회 같은 것을 기대하지 못하고 자기보다 강한 사람에게 층층이 의존할 수밖에 없었다. 이것이 봉건관계를 형성했고 층층이 분봉하는 봉토제가 그 관계를 현실적으로 뒷받침

065

했다.

프랑크족은 마침내 봉건 대제국이 되었다.[8]

하지만 탁발규는 이 방안을 택하는 것이 불가능했다. 중국에서는 봉건제가 일찍이 1500년 전 주나라인에 의해 발명되었고 또 600년 전 진시황에 의해 완전히 폐지되었기 때문이다. 탁발규의 길은 부락연맹에서 제국으로 넘어가 야만에서 문명으로의 전환을 완성하는 것이어야 했다.

안타깝게도 그것은 결코 쉽지 않았다.

유목과 약탈이 생업이었던 선비족 탁발부는 원래 느슨한 부락연맹이었다. 그 연맹에서 실권을 쥔 자는 각 부락의 추장이었다. 그들은 마피아의 여러 조직 보스처럼 밑에 수많은 부하를 거느리고 있었으며 국왕이 되는 것에 특별한 의미가 있다고 생각하지 않았다. 아니면 마피아 보스 모임의 의장처럼 국왕도 돌아가며 맡을 수 있다고 생각했다.

탁발규는 바로 그런 자들을 상대해야 했다.

하지만 우선은 위로와 보상부터 해줘야만 했다. 탁발규가 택한 방법은 '하사' 제도의 수립이었다. 국왕이 신분과 전공에 따라 가축과 노예를 하사했는데 그것은 사실상 '장물 나누기'의 합법화와 제도화였다. 하사의 규모는 그리 크지 않았지만 나중에는 어느 정도 질서가 섰다. 이것이 첫 번째 조치였다.

두 번째 조치는 정치에 대한 선비족의 무지를 이용하여 무더기로 한

8 웰스의 『세계사강』과 류밍판의 『세계사: 중세』 참조.

족 지식인들을 문관으로 임용한 것이었다. 평성으로 천도한 뒤에는 태학을 세우고 공자에게 제사를 올리기도 했다. 이 조치는 피통치 민족의 호감을 사는 동시에 탁발규에게 자신감을 주었다. 그는 심지어 선비족 장수들에게 "백성이 있으면 나라가 있는 법이니 어디서든 왕이 못 되겠느냐?"라고 말했다. 이 말의 속뜻은 매우 분명했다. "나는 너희의 지지가 없어도 된다!"였다.

이와 함께 점차 농업이 목축업 대신 북위 경제의 중심이 되어갔다. 아마도 이것이야말로 변화의 가장 핵심적인 계기였을 것이다. 사실 한 민족의 생산방식이 유목에서 농경으로 바뀌면 그들은 반드시 문명을 받아들이거나 건설해야 한다. 정처 없이 떠돌며 먹을 것을 구하던 나날은 다시 돌아오지 않는다. 책임감 있는 남편과 아버지로서 땅 문서와 곳간을 신경 쓰지 않을 수 없다.

탁발규는 천도를 결정했다.

천도는 398년, 로마 제국이 분열된 지 3년 뒤에 이뤄졌다. 그 전에 탁발규는 이미 병주幷州를 탈취하고 중산中山(후연의 수도)을 함락하여 황허강 이북의 드넓은 대지를 차지했다. 그 광활한 대지에서 계속 유목 중심의 부락연맹 제도를 실시하는 것은 확실히 시의에 맞지 않았다.[9]

농업 중심의 대제국을 세울 때가 되었다.

067 탁발규는 과감하게 움직였다. 정복한 후연의 관리와 서민, 장인

---

9 위의 내용은 『위서』 「태조기太祖紀」, 『자치통감』 110권, 판원란의 『중국통사』 참조.

50만 명을 평성 안팎에 이주시키고 사람 수에 따라 토지를 분배했다. 탁발부의 각 부락도 그곳에 이주시킨 뒤, 흩어져서 땅을 나눠 정착하게 했다. 그 지역들과 백성을 관리하는 사람은 더 이상 부락의 추장이 아니라 조정에서 임명한 관리였다.

본래 각 부락에서 왕 노릇을 하던 추장들은 모두 북위의 보통 백성이 되었다.

추장 밑에 있던 부하들도 당연히 나라에 귀속되었다. 그들은 북위 군주의 직속부대로서 용감하고 나라에 복종하는 중앙군으로 조직되었다.

이것이 바로 탁발규의 '부락 해산 정책'이었다. 이 정책은 그전의 오호십육국에서는 실시된 적이 없었다.[10]

또한 그해 말에 탁발규는 스스로 황제라 칭했다.

그것은 당연한 결과였다. 사실상 탁발규가 평성으로 천도했을 때, 부락연맹에서 제국으로의 발전은 돌이킬 수 없게 되었다. 그 후로 북위는 비틀거리면서도 계속 앞으로 나아갔다. 다만 길이 가시밭길이어서 도중에 많은 사람이 차례로 쓰러졌다. 그중에는 한족과 이민족, 개혁파와 보수파 그리고 그들의 황제도 있었고 심지어 탁발규 자신까지 포함되었다.

10 판원란의 『중국통사』, 젠보전의 『중국사강요』, 가와모토 요시아키의 『중화의 붕괴와 확대: 위진남북조』 참조.

피에 물든 가림막

탁발규는 39세에 피살되었다.[11]

범인은 그의 아들 탁발소拓跋紹였으며 당시 나이가 겨우 16세였다.

그 사건의 직접적인 원인은 탁발소의 생모가 위협을 받은 것이었다. 어머니를 구하기 위해 탁발소는 어쩔 수 없이 아버지를 죽였다. 그것은 당연히 있을 수 없는 일이었다. 사실 탁발규는 죽기 전에 정신이 온전치 않아서 수많은 사람이 말 한마디 잘못으로 의심을 사 천안전天安殿에서 그에게 직접 죽임을 당했다. 그래서 탁발소가 암살하지 않았어도 아마 다른 누군가가 손을 썼을 것이다.[12]

그러면 탁발규는 어째서 그렇게 되었을까?

역사가들의 견해에 따르면 그가 오석산五石散이라는 일종의 정력제에 중독되었기 때문이라고 하는데, 사실은 심적 부담이 너무 과도했기 때문이었을 가능성이 더 크다. 그는 병이 나면 며칠을 먹지도 못하고

069

---

11 『위서』 「태조기」 참조.
12 『위서』 「청하왕전淸河王傳」 「태조기」 참조.

잠도 못 자면서 허공에 대고 혼잣말로 건국 이후의 성패와 득실에 관해 떠들었다고 한다.[13]

개국 군주 노릇은 그만큼 어려웠던 것 같다.

탁발규는 특히나 더 어려웠다. 그의 종족은 이민족이었을 뿐만 아니라 같은 선비족 안에서도 가장 낙후된 축에 속했다. 보수 세력이 완고하게 낡은 관습을 고집하며 그의 고심을 철저히 외면했다. 한족 사대부도 고분고분하지 않아서 초빙해 관직에 앉혀놓아도 말썽을 부렸다. 예를 들어 최굉崔宏이라는 고급 사족은 도망친 뒤에 다시 잡아와 억지로 관모官帽를 씌워야 했다.[14]

이런 일들이 그의 정신을 무너뜨렸다.

탁발규의 비극은 민족적인 비극이자 역사적인 비극이었다. 그래서 필연적으로 되풀이될 운명이었고 그 후에도 계속 황제들이 피살되었다. 실제로 북위의 황제 14명 중 9명이 비명횡사했다. 누구는 아들에게, 누구는 아내에게, 또 누구는 환관이나 권신에게 피살되었다. 그들 중에는 제3대 황제인 세조 탁발도拓跋燾도 있었다.

그런데 사람들은 그를 태무제太武帝라고 더 즐겨 불렀다.

태무제 탁발도는 태조 탁발규의 장손이자 태종 탁발사拓跋嗣의 장자였다. 그는 16세에 등극했고 재위 기간은 30년이었으며 45세에 죽었다. 뒤의 두 가지는 북위의 황제들 중 전무후무한 기록이었다.[15]

더구나 업적도 대단했다. 즉위 후 9년 만에 탁발도는 흉노가 서진을

13 『위서』 「태조기」와 판원란의 『중국통사』 참조.
14 『위서』 「최현백전崔玄伯傳」 참조.
15 탁발도에 이어 탁발규는 재위 24년, 향년 39세였고 탁발굉은 재위 28년, 향년 33세였다.

멸한 뒤 다시 호하를 멸했으며(431) 이어서 단숨에 북연을 멸하고(436),
북량을 무너뜨리고(439), 유연을 격파하고(449), 유송을 정벌했다(450).
이때에 이르러 북위가 진정으로 북조가 됨으로써 십육국 시대가 끝나
고 남북조 시대가 시작되었다.

그는 한 시대에 획을 그은 인물이었다.

하지만 그는 수수께끼 같은 인물이기도 했다.

가장 큰 미스터리는 그의 죽음이다. 우리는 탁발도가 북위 정평正平
2년(452) 2월 9일에 피살됐고 범인은 환관 종애宗愛였다는 것만 알고 있
을 뿐, 구체적인 사정은 전혀 알지 못한다. 더 미심쩍은 것은 그 역적이
탁발도 사후에 재상이 되었을 뿐만 아니라 8개월 뒤 또 자기가 세운
황제도 죽였다는 사실이다. 그때에 이르러서야 새 쿠데타 집단이 그를
단두대에 보냈다.[16]

실로 괴이한 일이다. 북위는 후한도 아니고 훗날의 만당晚唐도 아닌
데 환관이 어떻게 그런 큰 권력을 가졌을까? 사실 종애가 성공할 수
있었던 것은 당시 정권을 쥔 대신들이 그를 안중에 두지 않았기 때문
이다. 탁발도가 죽은 뒤, 그들은 원래 다른 사람을 황제로 삼으려 했지
만 그 사람은 종애에게 속아 궁궐에 들어와 살해당했다. 그들이 밀실
에 숨겨놓은 황태자도 환관에게 발각돼 처형당했다.[17]

대신들은 애초에 대권을 쥐고 있었으며 장례를 미룬 채 따로 새 군
주를 세우기로 결정한 것도 그들이었다. 그렇다면 황제 암살 뒤, 그들

---

16 『위서』「세조기하世祖紀下」「남안왕전南安王傳」「종애전宗愛傳」과 『자치통감』 126권 참조.
17 『위서』「종애전」 참조.

은 왜 즉시 범인을 잡지 않고 오히려 궁궐에 들어가 종애와 만난 것일까? 아무리 선비족이 한족처럼 군주 시해를 대역무도의 죄로 간주하지 않았다고 하더라도 역시 태무제의 죽음을 가볍게 여기지는 않았을 텐데 어째서 그 살인범이 법망 밖에서 활보하게 놔두었을까?

이런 일들이 미심쩍지 않을 리는 없다.

하지만 정사正史에서는 깊이 감춘 채 전혀 언급하지 않았다.

여기에는 당연히 밝힐 수 없는 일이 무수히 숨겨져 있을 것이다. 실제로 이 사건의 배경은 상당히 복잡했고 심지어 과거에 발생한 다른 두 사람의 죽음과도 관련이 있었다. 그 두 사람은 바로 황태자 탁발황拓跋晃과 사도司徒 최호崔浩였다.

탁발황은 태무제가 암살당하기 8개월 전에 의문의 죽음을 맞았다. 사인은 우울증이었다고 한다. 정사에 따르면 당시 태무제는 환관 종애의 참언만 믿고 분노해 황태자 곁의 속관들을 주살했다. 이에 탁발황은 놀라고 두려운 나머지 근심과 울화에 빠져 죽고 말았다.

태무제는 곧 탁발황의 무고함을 깨닫고 후회 속에 아들을 그리워하기 시작했다. 그래서 이번에는 종애가 두려움에 떨 차례가 되었다. 결국 그는 목숨을 보전하기 위해 위험을 무릅쓰고 황제를 암살했다.[18]

이것이 바로 이른바 정사의 견해다.

안타깝게도 이 견해는 별로 그럴듯하지 않다. 탁발도는 용맹하고 과단성 있는 인물이었다. 그가 만약 황태자가 종애에게 모함을 당한 것 **072**

18 『위서』 「종애전」과 『자치통감』 126권 참조.

을 알았다면 어찌 자기가 암살을 당할 때까지 그자를 가만히 놔뒀겠는가? 그래서 남조 쪽에서는 북위가 공식적으로 퍼뜨린 그 견해에 의문을 표시했고 민간에서는 더더욱 이런저런 소문이 나돌았다.

의문이 생길 만도 했다. 사실 황태자가 죽기 반 년 전, 탁발도는 남방을 정벌하고 있었다. 그의 군대는 파죽지세로 과보瓜步(지금의 장쑤성 류허六合)까지 진출해 말들에게 양쯔강의 물을 먹였고 그곳에 행궁行宮(군주가 멀리 행차할 때 머무는 별궁)까지 지었다. 그런데 이때 아무 징조도 없이 그는 갑자기 철군했다. 이에 단단히 진을 치고 기다리고 있던 유송의 군대는 매우 의아해했고 틀림없이 북위의 후방에 문제가 생긴 것이라고 짐작했다.

그래서 남방에는 북위의 황태자 탁발황이 모반을 일으켰다는 소문이 돌았다.

그 소문은 매우 분명하고 구체적이었다. 당시 평성을 지키던 황태자가 반역을 꾸민다는 정보를 탁발도가 입수했다는 것이었다. 그래서 신하들과 회합한 뒤 즉시 철군을 결정했고 돌아가면서 평성에 사신을 보내 자기가 이미 죽었다는 소식을 거짓으로 전했다고 했다. 이에 황태자는 속은 줄도 모르고 영구를 맞으러 달려왔다가 텅 빈 영구 앞에서 포박을 당했고, 결국 쇠창살에 갇혀 비밀리에 처단을 당했다는 것이었다.[19]

073　이 이야기는 증거가 부족해 『자치통감資治通鑑』에 채택되지 못했으며

---

19 『자치통감』 126권의 「고이考異」 참조.

사실 의문점이 상당히 많다. 우리는 황태자 탁발황이 노구鲁口(지금의 허베이성 라오양饒陽)에서 영구를 맞이한 시점이 2월 20일이고 공식적으로 발표된 그의 사망 시점은 6월 5일인 것을 알고 있다. 중간의 그 긴 시간 동안 무슨 일이 있었단 말인가? 황태자가 서너 달이나 얼굴을 안 비쳤다면 틀림없이 많은 이의 의심을 샀을 것이다.

탁발도의 거동도 이상하기는 마찬가지다. 만약 황태자의 모반이 사실이었다면 그는 그나마 다행이라 여겼을 테고 종애도 긴장할 필요가 없었다. 모반이 억울한 누명이었다고 해도 역시 종애에게는 별일이 아니었을 것이다. 그 가짜 정보를 그가 직접 퍼뜨린 것이 아니었다면 말이다. 물론 그랬다면 그는 군주를 속인 죄로, 화가 머리끝까지 난 탁발도에게 능지처참을 당했을 것이다.

하지만 그런 일은 결코 일어나지 않았다. 북위의 궁정은 불분명한 이유로 죽은 그 황태자를 그냥 서둘러 매장했고 나중에 황제로 추인해주었다. 태무제 탁발도는 허위로 군사정보를 보고한 책임을 아무에게도 묻지 않았으며 있을지도 모르는 모반 세력을 색출하지도 않았다. 그저 죽은 아들 생각에 눈물만 철철 흘렸다.

여기에는 전혀 모반이 일어난 흔적이 없다.

아마도 사실은 이랬던 것 같다. 황제와 황태자 사이에는 개인적인 원한도, 권력투쟁도 없었다. 하지만 그 대신 정치적 이견이 존재했다. 그 이견은 제국이 미래에 나아갈 방향을 결정지을 수 있어서 당연히 소홀히 할 수 없었다. 본래 탁발도가 동궁東宮에서 황태자의 속관들을 대거 살해한 것은 황태자의 날개를 자르기 위해서였다. 하찮은 종애 따위는 사실 안중에도 없었다.

그렇다면 그들은 무엇에 관하여 이견이 있었을까?

종교에 관해 이견이 있었다.

종교는 남북조의 거대한 문제로서 문화와도, 정치와도 연관돼 있었기 때문에 천천히 신중하게 논의해야 한다(자세한 내용은 이 책 제4장 참조). 그때의 이견을 간단히 말하면, 황태자 탁발황은 불교를 숭상했고 태무제 탁발도는 불교를 멸하려 했다. 하지만 그것은 신앙과는 무관했다. 실제로 황태자 탁발황 등이 불교를 믿은 원인은 상당 부분 석가모니도 '오랑캐'였다는 데 있었다. 그래서 그들은 쉽게 불교에 친근감을 느꼈다.

하지만 태무제 탁발도는 자기가 오랑캐라고 생각하지 않았다. 반대로 그는 '중화의 황제' 혹은 도교에서 떠받드는 구세주인 '태평진군太平眞君'이 되려 했다. 그래서 그는 불교를 받아들이지 않고 도교를 숭상할 수밖에 없었다. 도교야말로 중화 본토의 것이기 때문이었다. 탁발도는 심지어 '태평진군' 네 글자를 자신의 연호로 삼기까지 했다. 게다가 그때는 그가 북방을 통일하고 난 이듬해였다.[20]

탁발도의 생각은 명확하기 그지없었다.

하지만 이상하게도, 불교를 숭상했던 황태자 탁발황이 해를 입은 것

---

20 위의 서술은 가와모토 요시아키의 『중화의 붕괴와 확대: 위진남북조』 참조.

처럼 불교에 반대했던 한족 최호도 제 명에 죽지 못했다. 최호는 북위 세 조정의 원로로 탁발규, 탁발사, 탁발도 삼대에 걸쳐 황제를 보좌했다. 탁발씨의 영토 중 거의 절반은 그가 기초를 닦게 도와준 것이나 다름없었다. 그런데도 그는 온 집안이 참수를 당하고 재산을 빼앗겼으며 인척인 다른 세 가문까지 멸족을 면치 못했다. 도대체 왜 그런 일이 일어난 걸까?

전환점

최호는 국사國史 편찬 문제로 죽었다.

그 사건은 황태자 탁발황이 죽기 1년 전에 벌어졌지만 황태자와는 아무 관계도 없었던 것 같다. 황제의 총애를 업고 교만했던 최호는 내내 그 미래의 황제를 안중에 둔 적이 없었고 두 사람의 갈등은 남조에서도 아는 공공연한 비밀이었다. 하지만 최호도 황태자도 상대방의 운명을 결정하지 못했다. 그들의 운명과 앞날을 손에 쥔 사람은 역시 태무제였고 태무제일 수밖에 없었다.[21]

그러면 태무제는 왜 최호를 죽이려 했을까?

분노하고 실망했기 때문이다. 태무제는 처음에는 최호에게 큰 기대를 걸었다. 북방의 여러 나라를 평정한 뒤 그는 위대한 북위에 더 이상 국사가 없어서는 안 된다고 생각했다. 그래서 최호에게 조서를 내려 책임지고 그 임무를 완성하게 했다. 그때 내린 명령은 "힘써 실록에 종사

---

21 탁발황에 대한 최호의 적대적인 태도에 관해서는 『위서』 「고윤전高允傳」을, 탁발황과 최호의 긴장 관계에 관해서는 『남제서南齊書』 「위로전魏虜傳」 참조.

하라務從實錄"였다.

최호는 흔쾌히 집필에 착수했다.

학식이 풍부하고 세 황제를 섬겼던 최호는 자신만만했다. 그런데 바로 그 자신감이 그의 목숨을 앗아갔다. 국사를 완성한 후, 최호는 다른 사람의 꼬드김에 넘어가 그 회심의 역작을 비석에 새겼다. 연인원 300만 명을 동원해 사방 백 걸음에 이르는 비석 숲을 조성했다. 그래서 누구든 다가가서 그것을 읽을 수 있었으니, 그것은 아직 검열도 받지 않은 북위의 역사를 멋대로 공개 발표한 것이나 다름없었다.

안타깝게도 최호는 인터넷 시대에 살지 않았으며 국비를 동원해 조성한 비석 숲도 그의 개인 미디어가 아니었다. 더구나 그는 자신의 직업 도덕과 학술적 양심을 위해서 황제가 꺼려할 만한 이야기까지 몽땅 사실 그대로 기술했다. 결국 이 일은 선비족의 민감한 신경을 건드렸다. 본래 야만족이었기 때문에 그들의 조상은 당연히 별로 고상하지 않았다.

고발장이 눈송이처럼 어전에 날아들었다.

태무제는 대노해 펄펄 뛰었다. 그는 최호가 이렇게 자신의 은혜를 저버릴 줄은 상상도 하지 못했다. 최호에게 국사를 편찬하라고 했던 조서는 '나, 태조 도무황제道武皇帝'부터 시작해 "어찌 짐 혼자 이 일로 혜택을 보겠는가?"까지 의미가 불분명한 곳은 한군데도 없었다. 힘써 실록에 종사하라 한 것은 북위 선조들의 위대한 공적을 빠뜨리지 말라는

것이었지 멋대로 그들을 비방하라고 한 것이 아니었다!²²

참으려야 참을 수가 없었다. 이자를 죽이지 않으면 또 누구를 죽이겠는가?

최호는 형장의 이슬이 되었다.²³

이 사건은 한족과 이민족의 모순이 빚어낸 전형적인 예로 간주되곤 하지만 사실은 그렇지 않다. 최호의 죽음에는 더 심층적인 원인이 있었으며 국사 편찬 사건은 도화선에 지나지 않았다. 사실 태무제는 자기 선조가 '비방'을 받은 일에 대해 크게 개의치 않았다. 국사 편찬에 참여했던 한족들도 전부 살해당하지는 않았다. 예컨대 고윤高允도 요행히 재난을 면했다.²⁴

한족인 고윤은 그 『국사』의 주필이자 황태자 탁발황의 사부였다. 그 사건이 발생한 뒤, 황태자는 영문을 몰라 하는 그 사부를 동궁으로 불러 묵게 했다. 그리고 이튿날 그를 데리고 황제를 알현하러 가면서 특별히 한 가지를 당부했다.

"잠시 후 황상이 물으면 내가 말하는 대로 따라하십시오."

고윤은 황태자에게 물었다.

"무슨 일입니까?"

"들어가시면 압니다."

어전에 들어가서 탁발황은 적극적으로 고윤을 변호했다.

"고윤은 언제나 조심스럽고 신중해서 감히 혼자 생각을 멋대로 펼친

---

22 『위서』 「최호전」 참조.
23 위의 내용은 『위서』 「최호전」 「고윤전」과 『자치통감』 125권 참조.
24 천인커陳寅恪 선생은 최호의 죽음이 한족과 이민족의 민족 문제나 불교와 도교의 종교 문제 때문이 아니라 계급 문제 때문이었다고 생각했다. 천인커의 『위진남북조사 강연록』 참조.

적이 없습니다. 이번에 비록 최호와 함께 일하기는 했지만, 전횡을 저지른 자는 최호이지 고윤은 지위가 낮아 역할이 미미했으므로 부디 죄를 사면해주시길 청합니다."

태무제가 고윤에게 물었다.

"그 책은 전부 최호가 썼느냐?"

고윤은 답했다.

"태조 부분을 빼고는 모두 소신과 최호가 썼습니다. 하지만 최호는 책임자여서 소신이 최호보다 더 많이 썼습니다."

태무제는 대노했다.

"이자의 죄가 훨씬 더 큰데 어찌 안 죽일 수 있겠느냐?"

탁발황이 허둥지둥 둘러댔다.

"천자의 위엄이 중하여 방금 고윤이 놀라 실언을 했나 봅니다."

태무제가 고윤에게 물었다.

"황태자의 말이 정말 맞느냐?"

하지만 고윤은 이렇게 답했다.

"아닙니다. 소신은 못난 재주로 그 일에 잘못 참여했으니 그 죄가 만 번 죽어 마땅합니다. 황태자 전하는 단지 소신이 공부를 돌봐드린 까닭에 소신의 미천한 생명을 구해주려 하시는 것뿐입니다. 황상이 묻지 않으시면 소신은 감히 말씀드리지 못하겠지만, 황상이 이렇게 하문하시는데 어찌 실언을 하겠습니까."

태무제는 크게 감동해 탁발황을 돌아보며 말했다.

"보통 사람은 이토록 정직하고 성실할 수 없다. 따라서 고윤을 사면할 뿐만 아니라, 이 국사 편찬 사건을 전담시켜 관련자들을 어떻게 처분할지 결정하도록 하겠다."

그런데 고윤은 주저하며 좀처럼 결정을 내리지 못했다.

그가 왜 주저했는지는 미루어 짐작할 만하다. 당시 관련 부서의 의견에 따르면 최호를 비롯한 관련자들의 인원은 128명이었고 모두 5족을 멸하게 돼 있었다. 그래서 고윤은 황제를 만나 이치를 따지기로 마음먹었다. 그는 이렇게 직언을 올렸다.

"법망을 피하는 자가 있을지는 감히 말씀드리지 못하겠습니다. 하지만 이토록 많은 사람을 사형에 처하는 것은 감히 동의할 수 없습니다."

결국 고윤은 수천 명의 목숨을 구했다.[25]

죽은 이를 위해 7층 탑을 쌓는 것보다 한 사람의 목숨을 구하는 것이 더 나은 법이다. 크나큰 공덕을 쌓은 고윤은 건강하게 98세까지 살며 다섯 황제에게 예우를 받았다. 국사 편찬 사건도, 황태자 측근들의 몰살도 그에게는 아무 영향도 주지 못했다. 고윤은 평생 도덕의 한계를 지켰으며 몇 칸짜리 초가집과 절인 채소에 만족하는 청빈함으로 훗날 문성제文成帝 탁발준拓跋濬을 감동시키기도 했다.[26]

도덕은 민족의 한계를 초월했다.

더욱이 당시의 민족 관계는 이미 과거와는 달랐다. 최호의 부친, 최

25 『위서』 「고윤전」과 『자치통감』 125권 참조.
26 『위서』 「고윤전」 참조.

굉崔宏은 탁발규에게 붙잡혀와 관리가 되었지만 최호는 북위를 위해 전심전력을 다했다. 사실 최호의 문제는 그가 모순적이거나 적대적인 정서가 있었던 데 있지 않았다. 오히려 그가 너무 북위를 자신의 나라로 간주한 데 있었다. 그 점이 진정한 주인, 즉 선비족 귀족들의 반감을 산 것이다. 그 반감이 밖으로 표출될 기회를 얻었을 때 최호는 죽음을 피할 수 없었다.

훗날 황태자 탁발황이 죽은 것이 최호의 죽음과 어떤 관계가 있었는지는 명확한 증거가 남아 있지 않다. 하지만 기이한 사건들이 그렇게 빈번하게 발생한 것을 보면 당시 북위가 이미 어떤 전환점에 이르렀음을 알 수 있다. 그 변화는 태무제의 피살로 인해 완화되었다가 한 신비한 여인의 재출현으로 새롭게 재개되었다.

그 여인은 바로 풍馮 태후였다.

태무제 탁발도와 마찬가지로 풍 태후도 수수께끼 같은 인물이다. 다만 그녀의 미스터리는 동시에 스캔들을 불러일으켰다. 정사의 기록에 따르면 풍 태후는 문성제 탁발준의 여인으로서 14세에 궁궐에 들어가 2년 뒤 황후가 되었고 9년 뒤에는 태후가 되었다. 당시 그녀는 겨우 25세였다.[27]

25세의 풍 태후는 기이한 애정관을 보여주었다. 먼저 그녀는 불 속에 뛰어들어 문성제를 위한 순장의 제물이 되려 했다. 그런데 구출되어 태후가 되고 나서 뜻밖에도 복잡한 애정 관계로 스캔들을 일으켰다.   082

27 『위서』 「문성문명황후풍씨전文成文明皇后馮氏傳」과 판수즈의 『국사개요』 참조.

결국 제위를 이은 헌문제獻文帝 탁발홍拓跋弘은 차마 봐줄 수가 없어 그녀의 두 정부를 처형했고, 이에 풍 태후는 복수를 위해 그 황제를 독살했다.[28]

당시 그 일에 숨겨진 은원 관계는 지금으로서는 확실히 밝힐 방법이 없다. 사실 풍 태후의 명목상의 아들이었던 헌문제 역시 그녀의 남자였을 가능성이 있다. 왜냐하면 선비족의 '수계혼收繼婚'의 관습(사망한 부친의, 자기 생모가 아닌 여자를 아들이 거두었다)에 따라 헌문제는 충분히 그럴 수 있었기 때문이다. 심지어 그의 아들, 효문제孝文帝 탁발굉拓跋宏도 그와 풍 태후의 소생이었을 가능성이 있다.[29]

그렇다면 헌문제의 살인은 질투 때문이었을지도 모르고 풍 태후의 복수는 '독부毒婦'의 범죄였다는 혐의를 면하기 어렵다.

물론 이를 규명한 사람이 있을 리는 없다.

하지만 의심의 여지없이 풍 태후는 사나운 여성이었다. 황태후이자 현임 황제의 정부로 의심되는 여성으로서 그녀는 헌문제가 제위를 이은 이듬해(466)에 궁정 쿠데타를 일으켜 승상을 죽이고 황제를 허수아비로 만들고서 신속하게 북위의 정권을 장악했다. 그때 그녀는 틀림없이 아직 임신을 하지 않았을 것이다.[30]

하지만 그 일은 그녀가 황제의 아이를 갖고, 또 그 다음에 그 황제를 죽이는 데 아무 방해가 되지 않았다. 이런 추측이 만약 사실이라면 말이다.

---

28 『위서』「문성문명황후풍씨전」참조.
29 가와모토 요시아키의 『중화의 붕괴와 확대: 위진남북조』참조.
30 『위서』「문성문명황후풍씨전」과 『자치통감』 131권 참조. 풍 태후의 쿠데타는 북위 천안天安 원년(466) 2월 25일에 일어났고 탁발굉은 황흥皇興 원년(467) 8월 14일에 태어났다. 따라서 탁발굉이 풍 태후의 자식이라 해도 쿠데타가 일어났을 때는 임신했었을 리가 없다.

그러나 풍 태후는 최호가 아니었다.

당연히 그렇지 않았다. 실제로 탁발굉을 낳기 전후의 그 짧은 기간에 풍 태후는 확실하게 권력을 틀어쥐었다. 북연 왕실의 후예로서 그녀는 천부적인 정치적 수완의 소유자였던 것 같다. 그래서 순식간에 생사여탈의 결단을 발휘하여 수많은 남자를 부끄럽게 했다. 결국 낙담한 헌문제는 어쩔 수 없이 태상황太上皇으로 물러났는데 당시 그의 나이는 18세에 불과했다.

그리고 그녀의 아들인 효문제 탁발굉이 5세의 나이로 제위를 이었다.

그것은 북위 승명承明 원년(476)의 일이었다. 그리고 바로 그해에 게르만 용병대의 장군이 서로마의 마지막 황제, 로물루스 아우구스툴루스를 폐위시켰다. 서로마의 태양은 그렇게 지중해에 떨어져 오래된 문명 하나가 종말을 고했다.

하지만 북위 왕조는 화려한 변신을 이뤘다. 36세의 풍 태후는 태황태후太皇太后의 명의로 섭정을 맡아 정치와 사회의 전면 개혁에 착수했다. 그 개혁은 선비족과 북위를 근본적으로 바꿔놓았다. 또한 운 좋게도 그것은 탁발도와 최호의 생전의 염원이었을 뿐만 아니라 풍 태후와 탁발굉의 일치된 생각이었다.

대대적인 한화

탁발굉은 더 한족에 가까웠다.

 그것은 이상한 일이 아니었다. 탁발굉은 풍 태후의 명목상의 손자였든 사실상의 아들이었든, 그녀의 보살핌을 받으며 성장했다. 선비화된 한족이었던 그녀는 당연히 한족 문화의 모유를 먹여 혼혈인 그 아이를 키웠다. 그래서 풍 태후가 죽은 뒤, 탁발굉은 그녀의 개혁 사업을 이어받았을 뿐만 아니라 아예 도읍도 평성에서 낙양으로 옮겼다.

 그 일이 얼마나 많은 저항에 부딪쳤을지 상상하기 어렵지 않다.

 아무 이유 없이 이사 가는 것을 좋아하는 사람은 없다. 더욱이 천도는 적지 않은 사람들의 기득권을 해치기 마련이다. 탁발굉은 할 수 없이 우회적인 방법을 택해, 우선은 군대를 일으켜 남제南齊를 정벌하겠다고 선포했다. 이를 위해 그는 짐짓 점을 쳐서 혁괘革卦를 얻었다. 이때 **085** 죽은 황태자 탁발황의 손자인 임성왕任城王 탁발징拓跋澄이 말했다.

"'혁革'은 혁명입니다. 이것은 왕조가 바뀌는 괘이지 역적을 토벌하는 괘가 아니니 불길합니다."

탁발굉이 말했다.

"괘사卦辭가 '대인이 호랑이처럼 변한다大人虎變'인데 어째서 불길하다는 것인가?"

"폐하는 진작부터 용이신데 왜 또 호랑이가 되려 하십니까?"

탁발굉은 대노했다.

"국가는 짐의 것인데 임성왕은 어째서 그런 말을 하는가?"

"강산과 사직은 당연히 황상의 것이지만 소신들도 신하로서의 책임이 있습니다. 폐하께서 의견을 구하셨으니 소신은 당연히 사실대로 고해야 합니다."

탁발굉은 할 수 없이 조회를 마친 뒤, 따로 임성왕을 남겨 은밀히 이야기하면서 자신의 진정한 의도는 천도임을 밝혔다. 충성심이 강했던 임성왕은 그제야 크게 깨달았다. 알고 보니 황제는 천하를 통일하기 위해 동주東周와 후한後漢의 도읍이었던 낙양을 새 도읍으로 삼으려 하는 것이었다. 그래서 그는 즉시 입장을 바꿔 남제를 정벌하는 것을 지지했다.

493년(북위 태화太和 17) 동고트족이 나라를 세운 그해에 탁발굉은 신하들과 대군을 이끌고 낙양에 갔다. 그때는 음력 9월이었는데 하늘에서 큰비가 쉴 새 없이 쏟아져 모두 겁을 먹고 전진할 엄두를 못 냈다고 한다. 하지만 탁발굉은 완전무장을 한 채 말 위에 앉아 혼자서라도 남쪽 정벌에 나설 태세를 취했다.

신하들이 우르르 말 앞에 무릎을 꿇자 탁발굉이 말했다.

"남정南征을 원치 않으면 천도를 하겠다."

선비족의 귀족들은 천도보다 남정이 더 두려워서 부득이 타협을 했다.

이듬해, 탁발굉은 정식으로 낙양에 천도를 했다.[31]

그것은 북위 왕조의 두 번째 천도였다. 첫 번째는 평성으로 천도했고 그들은 유목 부락에서 농업 제국으로의 전환을 완벽하게 실현했다. 그러면 이번 낙양 천도의 의의는 무엇이었을까?

대대적인 한화漢化였다.

그것은 틀림없이 풍 태후가 원래 하려고 했던 일일 것이다. 단지 그녀는 정치체제와 경제체제의 개혁에 더 치중했다. 예를 들어 봉록제俸祿制(관료제도 개혁), 삼장제三長制(기층조직 개혁), 균전제(토지제도 개혁), 조조제租調制(세수제도 개혁) 등의 실행이었다. 이런 제도 개혁 중 어떤 것은 그녀의 한족 애인, 이충李沖의 건의에서 비롯되기도 했다.[32]

그런데 탁발굉은 사회개혁을 하려고 했다.

실제로 임성왕과 이야기할 때 그는, "평성은 용맹을 발휘하는 땅이지 문치文治를 행할 도읍은 아니오"라고 자신의 생각을 밝혔다. 그 다음에는 또 어느 선비족 명사에게 말했다.

"짐은 세상에서 가장 존귀한 천자인데 굳이 중원에 살 이유가 어디

---

31 위의 내용은 『위서』 「임성왕운전任城王雲傳」 「이충전」과 『자치통감』 138권 참조.
32 『위서』 「문성문명황후풍씨전」 「이충전」과 함께 판수즈의 『국사개요』 참조.

있겠소? 하지만 자손들이 영원히 막북漠北에 머무른다면 어떻게 좋은 교육환경을 가질 수 있겠소?"33

그래서 그는 "낡은 풍습을 반드시 바꿔야 하오!"라고 말했다.

단지 누구도 그의 밀어붙이는 힘이 그렇게 강할 줄은 몰랐다.

개혁은 천도와 함께 이뤄졌다. 태화 18년(494) 3월, 북위 조정은 천도에 관한 마지막 공청회를 열었다. 4월에는 제천祭天 의식의 장소를 선비족이 사는 서쪽 교외에서 한족이 사는 남쪽 교외로 변경했다. 10월에는 태묘太廟의 위패와 황제가 차례로 여정에 올랐다. 그리고 12월, 아직 천도의 여정에 있던 탁발굉은 사회개혁의 첫 번째 조서를 내려, 사농공상士農工商 모두 선비족 복장을 입는 것을 금지했다.34

선비족은 크게 불만을 품었다.

그것을 알고 탁발굉은 그들을 잘 타이르며 은혜와 위엄을 병행했다. 그래서 이듬해(495) 5월 26일, 이미 낙양에 도착한 그는 신하들을 모아놓고 인상적인 대화를 나누었다.

"그대들은 짐과 짐의 나라가 상나라, 주나라를 능가하길 바라는가, 아니면 한나라, 진晉나라보다 못하길 바라는가?"

탁발굉의 질문에 신하들은 답했다.

"당연히 전대 왕들을 능가하시길 바랍니다."

탁발굉은 계속 물었다.

"그렇다면 낡은 풍습을 바꿔야 하는가, 아니면 옛것을 고수해야 하 **088**

---

33 『자치통감』 139권 참조.
34 『위서』 「고조기」와 『자치통감』 139권 참조.

는가?"

"당연히 나날이 바뀌나가야 합니다."

"짐 혼자만 새로워져야 하는가, 아니면 자자손손 그래야 하는가?"

"당연히 자손만대에 전해져야 합니다."

"그렇다면 그대들은 개혁에 반대하지 않는 것인가?"

신하들은 이구동성으로 말했다.

"위에서 명하시면 아래에서 행할 뿐, 누가 감히 반대하겠습니까!"

그래서 탁발굉은 말했다.

"명분을 옳게 세우면 말도 그것에 부합돼야 하는 법. 오늘부터 조정에서 선비어를 쓰는 것을 금지한다. 30세가 넘은 사람은 쉽게 고치기 어려우니 천천히 행하도록 하라. 하지만 30세 이하의 현직 관원은 만약 명령을 어겼을 시에는 고의로 그런 것이라 간주해 해직하고 벌을 내리겠다. 그대들의 생각은 어떤가?"

"삼가 성지聖旨를 받들겠나이다!"

탁발굉은 또 말했다.

"짐은 일찍이 이충과 이 일을 논의한 적이 있다. 그런데 이충은 뜻밖에도 사방의 여러 의견 중 누가 옳고 누가 그른지 말할 수 없다고 했다. 이 한 마디만으로도 이충은 죽어 마땅하다!"

이충은 얼른 관모를 벗고 엎드려 바닥에 이마를 찧었다.

089 　탁발굉이 굳이 이충을 골라 엄포를 놓은 것은 확실히 고심의 결과였

다. 이충은 풍 태후의 정부이면서 한족이자 개혁파였고 줄곧 탁발굉에게 존중을 받아왔기 때문이다. 만약 이충도 죽어 마땅하다면 다른 사람은 어떻겠는가?

당연히 모두가 쥐죽은 듯 입을 다물었다.

탁발굉은 궁궐의 관원들에게도 따져 물었다.

"짐이 벌써 선비족의 복장을 금하라고 명했건만 궁중의 여자들이 아직도 깃을 끼우고 소매가 좁으니, 너희는 왜 겉으로만 복종하고 속으로는 따르지 않느냐?"

사람들은 모두 엎드려 바닥에 이마를 찧었다.

며칠 뒤, 공용어 개혁의 조칙이 정식으로 하달됐다.

이어서 일련의 정책이 또 줄줄이 공포되었다. 예를 들어 내지로 이주해온 선비족은 죽은 뒤 일률적으로 낙양에 묻혀야 했는데, 이것은 본적의 변경이나 다름없었다. 그리고 한족의 제도에 맞춰 긴 자와 큰 말을 사용하게 했으니, 이것은 도량형의 변경이었다. 하지만 탁발굉은 그것으로 만족하지 못하고 선비족의 성까지 바꾸려 했다. 예를 들어 탁발씨는 원元씨로, 보륙고步六孤씨는 육六씨로 바꾸었다. 이렇게 100여 개에 달하는 성을 바꾸었다.[35]

다음 단계는 성족姓族을 나눠 정하는 것이었다.

성족은 사실 부귀한 가문을 뜻했고 일등급에 속하면 성, 이등급에 속하면 족이라 불렀다. 성족의 명단은 관청에서 엄격히 심사했으며 조

35 위의 내용은 『자치통감』 140권 참조.

직 부서에서 자료에 근거해 관직을 수여했다. 성족의 자제들은 나면서 부터 관리가 될 특권을 가졌고 특히 8성八姓에게는 낮은 관직을 수여할 수 없어서 동진에서 '상품上品의 관직에 한문寒門(문벌이 낮은 집안)이 없었던' 것과 같았다.

확실히 그것은 위진 문벌제도의 선비화였다. 이 제도가 실행되면서 선비족에게도 가문이 생겼다. 그 결과는 무엇이었을까? 서로 지위가 비슷한 이민족과 한족 가문이 통혼할 수 있게 되었다. 실제로 탁발굉은 바로 이어서 조서를 내려, 자신의 여섯 동생들에게 한족 4대 가문의 딸들을 아내로 맞으라고 명했다.

황족과 한족이 통혼을 했으니 시범 효과가 당연히 탁월했다. 다른 선비족 사람들도 앞다퉈 따라하는 바람에 민족 융합이 제대로 실현되었다. 물론 소수민족인 선비족이 소금이 물에 녹듯 한족에 흡수되었다.

더구나 그들은 한족의 복장을 입고 한족의 말까지 해야만 했다.

그것은 실로 대대적인 혼혈이었다.

혼혈은 민족, 문화, 정치에서 다 이뤄졌다. 실제로 성족 제도의 수립후, 사족士族과 서족庶族의 구별이 이민족과 한족의 구분을 대체했다. 이렇게 민족 간 경계가 모호해지자 신분의 정체성은 민족이 아니라 가문에서 나오게 되었다. 선비족과 한족의 대가문이 함께 통치계급을 이루고 하층계급은 동일하게 취급되었다. 이것은 곧 옛날 최초의 이상이었으며 탁발굉은 그것을 현실로 바꾸었다.[36]

---

36 『자치통감』 140권과 함께 판수즈의 『국사개요』, 가와모토 요시아키의 『중화의 붕괴와 확대: 위진 남북조』 참조.

이와 동시에 낙양은 다시 중화문화의 중심이 되었다. 탁발굉이 천도한 지 30년 뒤, 진경지陳慶之라는 남량南梁의 장수는 직접 낙양에 가본 느낌을 이렇게 서술했다.

"본래 나는 양경兩京(장안과 낙양)이 함락된 뒤, 양쯔강 이북은 다 이민족의 땅이 되었다고 생각했다. 그런데 이번에 낙양에 가서야 의관을 갖춘 인물이 다 중원에 있고 우리 강동江東은 아예 비교가 안 된다는 것을 알았다."[37]

탁발굉은 성공했다. 사실 그는 이미 중화의 황제였다. 비록 천하를 절반밖에 못 가졌지만 말이다. 그래도 그는 어떤 가능성을 열었는데, 그것은 바로 이민족과 한족의 피를 섞은 북방이 중국을 통일하고 새로운 중화 문명을 창건하는 것이었다.

이것이 바로 선비족의 역사적 공적이다.

그렇다면 원래 중화의 정통성을 대표했던 남조는 어떠했을까?

37 『자치통감』 153권 참조.

제3장

남조의 실험 현장

단명한 왕조들

시대가 영웅을 만들지는 않는다

내부투쟁

양 무제의 죽음

더 이상 나쁠 수는 없었다

송, 제의 개혁과 동진 정치의 실패를 거울삼아 양 무제는 스스로를 도덕적 본보기로 빚어냈다.
하지만 그가 국학을 부흥하고, 덕으로 나라를 다스리고,
불교를 숭배한 결과는 애처로운 비극으로 이어졌다.

단명한 왕조들

만약 한마디로 남조를 개괄해야 한다면 '칭찬할 만한 점이 없다'는 말이 적절할 것이다. 169년이라는 짧은 기간에 왕조가 네 번이나 바뀌었는데 그중 유송이 가장 길어서 60년, 그 다음으로 남량이 56년, 진陳이 33년이었다. 가장 짧았던 남제는 24년이었다.

송, 제, 양, 진은 모두 단명했다.

왕조가 단명해서 황제도 그랬다. 재위기간이 가장 짧았던 이는 겨우 1년이었다. 그밖에 2년, 4년, 8년이 각기 3명, 3년이 7명, 5년과 6년이 각기 1명이었다. 10년을 넘긴 사람이 겨우 5명이었는데 그중 12년이 2명, 15년이 1명이었다.[1]

그러면 재위 기간이 가장 길었던 사람은 어땠을까?

그다지 좋지 못했다. 양 무제 소연蕭衍과 송 문제 유의륭劉義隆은 각기 재위 기간이 48년, 38년으로 결코 짧지 않았다. 그러나 양 무제는 궁

1 재위 기간이 겨우 1년이었던 이는 남제 해릉왕海陵王 소소문蕭昭文이고, 2년이었던 이는 유송의 전폐제 유자업, 남제의 울림왕鬱林王 소소업蕭昭業과 화제 소보융이고, 3년이었던 이는 송 무제 유유, 송 소제 유의부, 송 순제 유준, 양 간문제 소강蕭綱, 양 경제 소방지蕭方智, 진 무제 진패선, 진 폐제 진백종陳伯宗이고, 4년이었던 이는 제 고제 소도성, 제 동혼후東昏侯 소보권蕭寶卷, 양 원제 소역이고, 5년이었던 이는 제 명제 소란蕭鸞이고, 6년이었던 이는 유송 후폐제 유욱劉昱이고, 8년이었던 이는 송 명제 유욱劉彧, 진 문제 진천陳蒨, 진 후주 진숙보이고, 12년이었던 이는 송 효무제 유준, 제 무제 소색蕭賾이고, 15년이었던 이는 진 효선제孝宣帝 진욱陳頊이고, 30년이었던 이는 송 문제 유의륭이고, 48년이었던 이는 양 무제 소연이다. 이상은 두젠민杜建民의 『중국역대제왕세계연표中國歷代帝王世系年表』를 참조했다.

중에 유폐되어 죽었고 유의륭은 자기 아들에게 살해당했다. 실제로 남조에는 24명의 황제가 있었는데 그중 적어도 13명이 비명횡사했다. 범인은 태자, 종실, 권신부터 호위병, 반란자, 외적, 새 황제에 이르기까지 아주 다양했다.[2]

이것은 생각해볼 만한 일이다.

물론 송, 제, 양, 진의 상황이 모두 같지는 않았다. 유송의 황제는 모두 8명이었고 그중 곱게 못 죽은 사람이 5명이었다. 남제는 황제가 7명, 그중 비명횡사한 사람이 4명이어서 절반을 넘었다. 가장 비참했던 남량은 4명의 황제가 전부 천수를 누리지 못했다. 게다가 이 세 왕조에서 피살된 황제 중 6명이 미성년자였는데 최연장자가 17세, 최연소자가 겨우 13세였다.[3]

그나마 제일 나은 곳은 진나라였다. 마지막 황제 진숙보陳叔寶를 비롯하여 모두가 살해당하지 않았고 진숙보는 심지어 수 양제가 낙양으로 천도하는 해까지 생존했다. 하지만 진 왕조의 다섯 황제 중 한 명은 폐위를 당한 뒤 1년 반 만에 19살의 나이로 미심쩍은 죽음을 맞았다.[4]

더구나 진나라는 실로 왕조라고 불리기가 부끄러울 정도였다. 그들이 선양을 받아 나라를 세웠을 때, 남량의 국토는 이미 크게 줄어든 상태여서 진나라도 남동부 한쪽에 웅크린 채 수나라가 와서 멸망시켜주기를 기다리는 수밖에 없었다. 비록 그들도 한 번 힘을 떨쳐보려 한 적이 있기는 했지만.

---

2 비명횡사한 13명의 황제는 다음과 같다. 송 소제 유의부는 권신에게 죽었고, 송 문제 유의륭은 태자에게 죽었고, 송 전폐제 유자업은 호위병에게 죽었고, 송 후폐제 유욱은 권신에게 죽었고, 송 순제 유준은 새 황제에게 죽었고, 제 울림왕 소소업은 종실에게 죽었고, 제 해릉왕 소소문은 종실에게 죽었고, 제 동혼후 소보권은 금위군에게 죽었고, 제 황제 소보융은 새 황제에게 죽었고, 양 무제 소연은 반란군에게 연금되어 죽었고, 양 간문제 소강은 반란군에게 죽었고, 양 원제 소역은 외적에게 죽었고, 양 경제 소방지는 새 황제에게 죽었다.

사실 송, 제, 양, 진의 개국황제는 모두 유망한 군주였고 새로운 기상을 떨친 적이 있었다. 그래서 송나라에는 원가元嘉의 치가, 제나라에는 영명永明의 치가, 그리고 양나라에는 천감天監의 치가 있었다. 하지만 예외 없이 대란이 바로 이어져 망국으로 치달았다. 남조의 역사는 거의 안정과 혼란이 교대로 순환되는 역사였다.

이 점은 북위와는 크게 달랐다.

북위도 혼란하기는 했다. 14명의 황제 중 9명이 비정상적으로 사망했다. 그러나 북위는 동란의 결과로 발전했고 결국 야만족 집단에서 중화제국으로 변신했다. 이에 반해 남조는 일찌감치 중화 제국의 의식과 기상을 상실했다. 동진 같은 중앙정부로서의 명분도 없는, 방대한 제후왕국일 뿐이었다.[5]

그 결과, 어떻게 되었을까?

한화된 이민족조차 그들을 업신여겼다. 북위의 정사에서는 동진을 '참진僭晉'(진이라 불리는 것이 분수에 맞지 않다는 뜻)이라 불렀고 유송과 남제와 남량은 '도이島夷'(연해 지역의 오랑캐)라고 불렀다. 사실 동진이 중화의 정통성을 대표하는 것은 의심의 여지가 없었다. 동진 정권의 합법성이 미심쩍었을 뿐이었다. 그러나 그 후의 남조는 중화를 사칭할 자격조차 없는, 남방 오랑캐로 치부되었다.[6]

그것은 실로 엄청난 아이러니였다.

따라서 우리는 이런 질문을 할 필요가 있다. 남조의 존재도 역사적

---

3 그 6명의 어린 황제는 다음과 같다. 송 전폐제 유자업은 17세였고, 송 후폐제 유욱은 15세였고, 송 순제 유준은 13세였고, 제 해릉왕 소소문과 제 화제 소보융은 15세였고, 양 경제 소방지는 16세였다.
4 『진서陳書』「후주기後主紀」「폐제기廢帝紀」 참조.
5 저우스펀周時奮의 『중국역사 11강』 참조
6 『위서』 목록 참조.

의의와 문화적 가치가 있을까? 만약 있다면 그것은 무엇일까?

남조는 중국 문명의 테스트 베드 역할을 했다.

지금까지 많은 이에게 경시를 받아온 남북조는 사실 중국 역사의 한 전환점이었다. 북방과 남방 모두 갖가지 탐색과 실험을 진행했는데 단지 북방이 성공의 경험을 더 많이 가졌고 남방은 실패했을 뿐이다. 하지만 실패도 마찬가지로 의미가 있었다. 실제로 북방의 경험과 남방의 교훈에 힘입어 훗날 수나라와 당나라는 대변혁을 실현할 수 있었다.

역사에서는 성공과 실패로 영웅을 논할 수 없다.

그러면 남조의 실험은 무엇이었을까?

동진의 정치 개혁이었다.

우리는 동진에서 정권은 사족이 소유했고 정치는 문벌이 좌지우지했음을 알고 있다. 그런데 남조의 개국 군주인 송 무제 유유劉裕, 제 고제高帝 소도성蕭道成, 양 무제 소연, 진陳 무제 진패선陳覇先은 전부 빈한한 평민과 군인 출신이었다. 이것은 진晉 무제 사마염司馬炎이 유생과 명사로 자처한 것과는 완전히 달랐으며 또한 필연적으로 정권 내부의 사족과 서족, 문관 정부와 군인 정권 사이의 모순을 야기했다.

남조의 혼란은 주요 원인이 여기에 있었다.

문제는 사족의 정권이 왜 군인의 수중에 떨어졌느냐는 것이다.

왜냐하면 사족이 갈수록 나태하고 무능해졌기 때문이다. 문벌제도에 따라 명문 사족의 자제들은 나면서부터 관리가 되고 세금이 면제되는 특권을 가졌고 법률과 제도는 그들의 불로소득을 보장했다. 그래서 그들은 어려서부터 호의호식하고 빈둥거렸으며 예복을 입고 고담준론을 펼치거나 혼자 감상에 빠져 종일 생각 없이 지냈다.

그들은 기생충이었다.

기생충에게 향상심과 창조력이 있을 리 없고 책임감과 사명감도 있을 리 없다. 사치스럽고 안일한 명문자제들은 심지어 관직을 청관淸官과 탁관濁官으로 나누었다. 청관은 청렴한 관직이 아니라 한가한 관직이라는 뜻이었다. 그래서 청관과 반대되는 탁관도 '탐관貪官'이 아니라 징세나 소송처럼 자질구레한 사무를 처리하는 바쁜 관직을 뜻했다. 기생충들이 그런 관직을 맡고 싶어했을 리가 없다. 오랜 세월이 지나자 그들은 결국 재난도 전란도 노동의 수고도 모르는 채 편안히 자기 봉록만 지키면서 백성 위에 군림하는 존재가 되었다.[7]

그들은 머저리였다.

머저리와 기생충이 나라를 지킬 수 있었을까? 불가능했다. 나라를 안정시킬 수는 있었을까? 역시 불가능했다. 이민족의 수중에서 중원을 수복할 수는 있었을까? 더더욱 불가능했다.

그래서 빈한한 평민에게 기회가 생겼다.

기회는 명문 사족이 내주었다. 특히 그것은 힘들고 위험한 군직軍職이었다. 그것은 기층 평민들에게 입신출세의 계단을 내주었는데 송나

---

7 안지추顔之推의 『안씨가훈顏氏家訓』 참조. 따로 판수즈의 『국사개요』와 가와모토 요시아키의 『중화의 붕괴와 확대: 위진남북조』도 참고.

라의 개국황제 유유도 바로 그 기회를 이용했다. 유유가 성공한 뒤부터 평민의 자제들 사이에서는 출세하려면 군인이 돼야 한다는 인식이 형성되었다.

남조가 모두 군사정부였던 것은 이상한 일이 아니었다.

그런데 유유의 성공은 동진의 정세와 관련이 있었다. 동진에는 중앙군이 없었고 사실 있는 것도 불가능했다. 낭야왕琅邪王 사마예司馬睿가 세운 그 정권은 망명 정부였는데 어떻게 중앙의 명의로 강산을 통일하고 천하를 호령할 수 있었겠는가(이중톈 중국사 11권 『위진풍도』 참조)?

가장 중요했던 것은 북부北府와 서부西府였다.

북부와 서부는 모두 군사집단이었고 주로 전란을 피해 남하한 유민들로 이뤄져서 관군과 민병의 중간 성격을 갖고 있었다. 주둔 지역이 각기 동진의 수도였던 건강建康의 북쪽과 서쪽이었기 때문에 북부와 서부로 불렸으며 서주徐州 북부와 예주豫州 서부(혹은 형주荊州 서부)라고도 불렸다.[8]

유유가 왕조를 바꿀 때 의지한 쪽은 북부였다.

그것도 이상한 일이 아니었다. 사실 북부와 서부의 총사령관은 명의상 조정이 임명한 관리이기는 했지만 수하의 장병들은 그 스스로 모집한 이들이었다. 그래서 총사령관이 왕조에 충성스러우면 그들은 동진의 국군이었다. 비수대전에서 사현謝玄이 지휘한 북부병이 바로 그랬다. 반대로 총사령관이 딴 마음을 갖고 있으면 그가 장악한 병력은 왕실

---

8 톈위칭田余慶의 『진한위진사탐미秦漢魏晉史探微』 「북부병시말北府兵始末」과 가와모토 요시아키의 『중화의 붕괴와 확대: 위진남북조』 참조.

을 보위하지 않고 정권을 전복시켰다. 환온이 지휘한 서부병이 바로 그랬다.

그래서 동진의 왕실과 조정은 북부와 서부에 대해 생각이 복잡했다. 그들은 누가 자신들을 위해 내란을 평적하고 외적을 막아주길 바라면서도 그가 일단 성공한 뒤에 통제 불능의 존재가 될까 두려워했다. 그들이 진심으로 바라는 것은 이랬다. 북부와 서부가 제국의 도움 없이 알아서 군대를 양성해 중앙의 명에 따라 전장에서 활약하면서도 너무 성장해 왕조와 정권의 안정에 위해를 끼치지는 않는 것이었다.

안타깝게도 세상에는 그렇게 마음대로 되는 일이 없다. 그렇게 머리를 굴리는 사이에 중원 수복의 기회는 차례차례 날아간 반면, 정권 찬탈의 시도는 차례차례 이어졌다. 그 시도 중 앞의 몇 번은 마지막에 실패했지만 유유는 성공을 거뒀다. 그는 동진을 끝장냈을 뿐만 아니라 사족도 끝장을 냈다.

그러면 유유에 관해 살펴보자.

시대가 영웅을 만들지는 않는다

유유는 손은孫恩의 난을 계기로 이름이 알려졌다.

그런 내란은 동진 시대에 매우 빈번했다. 그 전에는 왕돈의 난(322), 소준蘇峻의 난(327)이 있었고 그 후에는 환현桓玄의 난(402), 노순盧循의 난(410)이 있었다. 난세에는 영웅이 나온다. 북부의 전신인 치감郗鑒의 부대와 서부의 전신인 도간陶侃의 부대는 소준의 난을 평정하면서 두각을 드러내 역사에 영향을 준 세력이 되었다.

이제는 유유의 차례였다.

399년, 북위의 국왕 탁발규가 평성으로 천도해 칭제한 그 이듬해이기도 한 이해에 손은의 난이 일어났다. 손은은 도교의 신도로 알려졌지만 실제로는 사교 집단과 테러 조직의 두목이었다. 그의 꼬드김과 협박으로 수만 명의 백성이 재산을 헌납하고 처자를 버렸으며 심지어 짐이 될 것 같은 아기까지 죽이고서 그를 따라 성을 공격하고 살인과 방

화를 자행했다.[9]

동진 정권의 부패와 명문자제들의 무능이 그 동란 속에서 남김없이 드러났다. 손은이 난을 일으켰을 때, 회계군의 태수 왕응지王凝之(왕희지王羲之의 차남)는 군대를 내보내지도, 방비를 하지도 않은 채 매일 밀실에서 기도를 올렸으며 귀병鬼兵 수만 명을 청해 요새를 지키겠다고 선언하기까지 했다. 그 결과는 어땠을까? 성이 함락되어 목숨을 빼앗겼다.[10]

그의 아내 사도온謝道韞이 끝까지 그를 경멸할 만했다.[11]

그 위기의 순간에 명을 받은 군대는 북부였고 전세를 역전시킨 인물은 바로 유유였다. 당시 그는 북부의 미천한 참군參軍에 불과했지만 강대해보였던 손은을 거듭 격파하여 끝내 멸망시켰다.

이는 손은의 사교 집단이 오합지졸에 불과했음을 보여주는 동시에 동진 정권의 병폐가 이미 구제할 수 없는 지경에 이르렀음을 설명해준다. 그들은 평민 출신의 그 하급 군관에 의지해 아슬아슬하게 재난을 면했다.

백약이 무효한 동진의 상태는 그 후에도 거듭 노출되었다. 사실 손은의 난은 끊어질 듯 이어질 듯 2년 넘게 계속되었는데도 집권자들은 아무 경각심 없이 그전처럼 사치와 방종을 일삼고 서로 헐뜯느라 여념이 없었다. 그야말로 멸망을 자초한 것이다.

그 결과, 손은도 아직 죽지 않은 상황에서 환현이 나타났다.

환현은 환온의 막내아들이었다. 환온은 본래 동진을 찬탈하려다가

9 『진서晉書』「손은전」과 『자치통감』 111권 참조. 당시 손은군의 여자들은 아이를 익사시키고 나서 "일찍 선계에 올라간 것을 축하한다. 내가 바로 너를 찾아갈게"라고 말하곤 했다. 손은군이 실은 사교 집단이자 테러 조직이었음을 알 수 있다.
10 『진서』「왕응지전」과 『자치통감』 111권 참조.
11 『진서』「열녀전」과 『세설신어世說新語』「현원賢媛」 참조.

사안謝安 등의 저지로 뜻을 못 이뤘는데 이제 환현이 그 숙원을 완수하려 했다(이중톈 중국사 11권 『위진풍도』 참조). 이때 그는 서부의 사령관으로서 형주를 지키고 있었는데 그 세력 범위가 동진의 3분의 2에 달했다. 그가 조정과 사이가 틀어지는 바람에 황실은 북부에 기대를 걸 수밖에 없었다.

하지만 북부는 환현 쪽으로 기울었다.

그들의 배반에는 이유가 있었다. 과거에 북부의 사령관은 계속 문벌사족이 맡았는데 이때는 이미 군인 출신인 유뢰지劉牢之로 바뀌어 있었다. 유뢰지는 한평생 나라를 위해 싸워온 인물이었지만 공만 많고 정치적인 감각은 전무했다. 당시 유유 등은 환현과 결탁하는 것에 반대했지만 유뢰지는 성을 내며 말했다.

"환현을 없애는 것은 손바닥 뒤집듯이 쉬운 일이지만 그 다음에 조정의 그놈들이 계속 나를 용납하겠느냐?"

알고보니 그는 공을 세운 뒤 조정의 핍박을 받는 것이 더 두려웠던 것이다.

그것은 어리석은 생각이었다. 실제로 당시 상황에서 환현은 기세가 등등했지만 명분이 모자랐고 동진 황실은 정당방위의 입장이었지만 힘이 모자랐다. 그래서 양쪽은 다 북부군의 도움을 얻고 유뢰지를 끌어들이려 했다. 만약 유뢰지에게 정치적 안목이 있었다면 역사는 전혀 다른 양상으로 흘러갔을 것이다. 하지만 아쉽게도 그에게는 그것이 없 **104**

었다.[12]

보아하니 사족도 부패했지만 무인도 꼭 유능했던 것 같지는 않다.

북부의 투항을 받은 환현은 호랑이가 날개를 얻은 격이었다. 그는 순조롭게 동진의 조정을 접수하고 정적들을 없앤 뒤, 유뢰지의 병권까지 빼앗으려 했다. 이를 예상 못한 유뢰지는 대경실색하여 광릉廣陵(지금의 장쑤성 양저우揚州)으로 가서 군대를 일으켜 환현을 토벌하기로 하고 유유에게 같이 가지 않겠느냐고 물었다.

유유는 단호히 거절했다.

이미 전란 속에서 성장한 유유는 그에게 직언을 했다.

"장군은 강한 군대 수만 명을 갖고도 투항을 했고 환현은 새로운 뜻으로 천하를 뒤흔들었으니, 민심은 이미 장군을 떠나 환현에게 갔습니다. 장군은 그래도 광릉으로 가시겠습니까? 이 유유는 더 이상 장군을 따를 수 없어 경구京口(지금의 장쑤성 전장鎭江)로 갈까 합니다."[13]

경구는 북부의 근거지였다.

물론 강 하나를 사이에 둔 광릉도 북부의 근거지였지만 애석하게도 옛 근거지였다. 과거에 북부가 그곳에서 경구로 옮겨간 것은 경구가 수도 건강과 큰 강으로 가로막혀 있지 않고 또 광릉과 강을 마주본 채 호응할 수 있기 때문이었다. 다시 말해 유유가 돌아간 경구는 유뢰지가 가려던 광릉보다 환현에게서 더 가까웠다. 두 사람 중 한 명은 난관에 맞서러 가는데 다른 한 명은 사실상 도망을 치려한 것이다.[14]

---

12 위의 일들은 『송서』 「무제기」와 『진서』 「환현전」 「유뢰지전」 그리고 『자치통감』 112권에 기록되어 있으며 관점은 톈위칭의 『진한위진사탐미』 「북부병시말」 참조.

13 『송서』 「무제기」, 『진서』 「유뢰지전」, 『자치통감』 112권 참조.

이 두 가지 선택으로 두 사람의 우열이 판가름 났다.

유뢰지는 포기하지 못하고 휘하 장수들을 불러 회의를 열었지만 뜻밖에 그들은 한바탕 떠들다가 그냥 흩어져버렸다. 부하들에게 버림을 받은 유뢰지는 어쩔 수 없이 북상을 택했다. 그러나 건강을 떠난 지 얼마 되지 않아 두려워서 스스로 목을 매고 죽었고 나중에 환현에게 부관참시를 당했다. 그의 아들은 곡을 할 여유도 없이 북상해서 선비족의 남연에 투항했다.[15]

유유의 뒤를 따른 사람은 하무기何無忌였다.

하무기는 유뢰지의 외조카이자 유유의 오랜 친구였다. 유뢰지와 유유가 갈라지자 하무기는 이러지도 저러지도 못했다. 이때 유유는 확고한 태도로 그에게 말했다.

"나와 함께 경구로 가자! 만약 환현이 충신이면 너와 내가 함께 그를 보좌하고, 그렇지 않으면 그를 죽여버리자!"[16]

결국 환현은 죽임을 당했다.

손은과 마찬가지로 환현도 흥기와 멸망이 모두 신속하게 이뤄졌다. 건강에 입성한 뒤부터 패하여 피살되기까지 총 26개월간 분투했으며 실패한 주요 원인은 온 세상의 비난을 무릅쓰고 우격다짐으로 칭제를 한 것이다. 원흥元興 2년(403) 12월, 환현은 진 안제安帝에게 선양을 강요하고 국호를 초楚로 바꿨다. 이에 진작부터 그를 없애려 했던 유유는 정당한 이유와 강력한 구실을 얻었다.[17]

---

14 경구의 전략적 위치와, 북부가 광릉에서 경구로 이전한 의미에 관해서는 톈위칭의 『진한위진사탐미』「북부병시말」참조.

15 『진서』「유뢰지전」「유경선전劉敬宣傳」참조.

16 『송서』「무제기」,『진서』「하무기전」,『자치통감』112권 참조.

3개월 뒤, 유유는 군대를 일으켰다.[18]

유유의 맨 처음 생각이 동진 황실의 부흥이었는지, 아니면 개인적인 야심의 실현이나 유뢰지의 복수였는지는 확실하지 않다. 그러나 쌍방의 힘의 차이가 현격했던 것만은 의심의 여지가 없다. 당시 북부의 장수들은 대부분 살해되었고 북부군도 실제로는 더 이상 존재하지 않았다. 유유가 이끌던 연합군은 고작 1700명이었다. 이렇게 적은 병력으로 환현을 공격해 들어갔으니 그야말로 계란으로 바위를 치는 것이나 다름없었다.[19]

그러나 쌍방의 투지도 차이가 컸다. 손에 긴 칼을 든 유유가 병사들보다 앞에 서서 돌격했고 적진의 두 장군이 그의 칼에 목숨을 잃었다. 이와 정반대로 환현은 그 소문을 듣고서 간이 콩알만 해져 싸우지도 않고 도망쳤다. 당시 한 부하가 그의 말고삐를 당기며 유유와 싸우기를 청했다고 한다. 그런데 그는 채찍으로 하늘을 가리킨 뒤 아무 길이나 골라 급히 줄행랑을 쳤다. 그의 결말은 사실상 이미 정해진 것이나 마찬가지였다.[20]

이듬해(404) 5월, 환현은 살해되었다.

그 후의 역사는 유유에 의해 씌어졌다. 그가 택한 노선은 과거에 환온이 계획한 것과 매우 흡사했다. 먼저 공을 세우고 나서 제위를 찬탈해 칭제를 하는 것이었다. 그래서 짧은 10여 년간 그는 연이어 남연을 멸하고(410), 서촉을 멸하고(413), 후진을 멸하여(417) 동진 황제의 깃발

17 『진서』「안제기」에 따르면 환현이 건강에 들어가 집정執政 사마원현司馬元顯 등을 죽인 시점은 원흥 원년(402) 3월이고, 패전을 당해 피살된 시점은 원흥 3년(404) 5월이다.
18 『진서』「안제기」에 따르면 환현이 칭제를 한 시점은 원흥 2년(403) 12월 29일이고, 유유가 군대를 일으킨 시점은 이듬해 2월 23일이다.
19 『자치통감』 113권 참조.
20 위의 내용은 『송서』「무제기」와 『진서』「환현전」「유뢰지전」「유의전劉毅傳」「하무기전」 그리고 『자치통감』 113권 참조.

을 다시 장안성 꼭대기에 꽂았다.

그때는 북방의 이민족조차 유유가 다음에 무슨 일을 하려고 마음만 먹으면 반드시 그 일을 이룬다는 것을 알고 있었다. 흉노가 세운 호하의 왕은 흥분하여 말하길, "내가 보기에 유유는 분명 승리를 거두고 동진으로 돌아갈 테니, 그러면 관중關中은 내 땅이 될 것이다"라고 했다. 또 최호는 북위의 황제에게 말하길, "왕맹은 부견의 관중이고 유유는 동진의 조조입니다. 후진을 멸한 뒤 그는 틀림없이 동진으로 돌아가 제위를 찬탈할 테니 후진의 영토는 조만간 우리 북위의 것이 될 겁니다"라고 했다.[21]

유유의 속셈은 옛날의 사마소와 같았다.

경로도 똑같았다. 먼저 송공宋公에 봉해졌고 그 다음에는 송왕宋王에 봉해졌다. 이제 송제宋帝가 되기까지 한걸음밖에 안 남은 셈이었지만 유유는 차마 입을 열 수가 없었다. 그는 할 수 없이 수양壽陽(지금의 안후이성 서우壽)의 왕궁에 신하들을 초대해놓고서 자기가 작위를 내놓고 은퇴해 수도에서 만년을 보낼 것이라고 선언했다.

사람들은 유유의 말 속에 숨겨진 뜻을 알아채지 못하고 온통 그의 덕을 찬양하기만 했다. 그러다가 부량傅亮이라는 고급 관리가, 궁궐 문을 나선 뒤에야 크게 뭔가를 깨닫고 다시 돌아와서 문을 두드렸다. 곧 문이 열렸고 부량은 궁궐 안에 들어서자마자 유유에게 말했다.

"소신이 먼저 건강에 돌아가 있는 것이 좋겠습니다."

21 『진서』「혁련발발재기赫連勃勃載記」, 『위서』「최호전」, 『자치통감』 118권 참조.

유유도 구구히 말하지 않고 한마디만 물었다.

"사람이 얼마나 필요한가?"

"수십 명이면 족합니다."

수도로 돌아간 부량은 빠르게 준비를 진행했다. 심지어 유유에게 제위를 넘긴다는 선양의 조서를 진 공제恭帝에게 베껴 쓰게 하기도 했다. 공제는 의외로 선뜻 쓰겠다고 했다. 그리고 곁에 있던 사람에게 말했다.

"환현 이후 우리 진 왕조는 이미 망했다. 단지 송왕에 의지해 20년 가까이 더 이어져왔을 뿐이다. 오늘의 일은 짐이 기꺼이 원하는 바다."

420년 6월, 유유는 황제로 즉위했고 국호는 송이었다.[22]

남조가 시작되었다.

---

22 『송서』 「부량전」, 『진서』 「공제기」, 『자치통감』 119권 참조.

내부투쟁

유유의 성공은 음미해볼 만하다.

유유는 동진을 찬탈하려 한 첫 번째 인물은 아니었다. 그 전의 왕돈과 환온이 그보다 조건이 좋았지만 성공을 눈앞에 둔 채 아쉽게 삶을 마감했고 환현은 중간에 사람들에게 지탄과 배척을 받는 신세가 되었다. 그런데 출신이 미천한 유유가 민간에서 부상해 혼란이 끝난 뒤 황제의 자리에 오른 것이다. 이것은 과연 어찌된 일이었을까?

시대의 추세와 정치 때문이었다.

삼국 시대가 영웅의 시대였고 위진 시대가 사족의 무대였다고 한다면, 동진 말엽이 되어서는 시대는 더 이상 영웅을 만들지 못했고 사족도 전망이 어두웠다. 영웅이 떠난 무대는 건달이 점령했고 사족이 제 역할을 마치자 부랑자가 득세했다. 그래서 유유의 송과, 그 뒤의 제, 양은 기구하고 피비린내 나는 운명 속에서 연이어 피비린내는 사건을 겪었다.

살육은 건국 초부터 시작되었다.

첫 피살자는 진 공제였고 피살 시점은 그가 유유에게 제위를 선양한 지 1년 반 뒤였다. 그는 동진, 송, 제, 양의 제위를 물려준 황제들 중가장 오래 살았다. 하지만 그것은 절대 유유가 자비로워서가 아니라 그의 방비가 철통같아서였다. 그는 매일 자신의 황후와 같은 방을 썼고음식도 그녀가 손수 침대 앞에서 요리한 것만 먹었다. 이 가엾은 전임황제는 사실상 죽은 것보다 못한 삶을 살고 있었다.

하지만 유유는 더 기다려줄 마음이 없었다. 황후의 두 오빠를 시켜그녀가 자리를 비우게끔 하고, 그 틈에 자객들이 담을 넘어 들어가 공제에게 독약을 먹으라고 강요했다. 공제는 불교도가 자살을 하면 내세에 사람으로 태어날 수 없다고 소리쳤다. 결국 그들은 이불을 이용해그를 질식사시켰다.[23]

이어서 피살된 사람은 유유의 아들인 소제少帝 유의부劉義符였다. 그젊은 황제는 정상적으로 제위를 계승한 지 2년 만에 유유가 생전에 유언의 실행을 맡긴 서선지徐羨之, 부량 등의 대신들에 의해 살해되었고당시 19세였다. 이와 동시에 그의 동생인 여릉왕廬陵王 유의진劉義眞도 18세의 나이에 피살되었다. 결국 유유의 셋째 아들인 의도왕宜都王 유의륭劉義隆이 제위를 이어 송 문제가 되었다.[24]

111 쿠데타를 일으킨 서선지와 부량도 끝이 좋지는 못했다. 유의륭을 황

---

23 『진서』 「공제기」와 『자치통감』 119권 참조.
24 『송서』 「무삼왕전武三王傳」에 따르면 유유는 아들이 7명이었고 그중 장남은 소제 유의부, 차남은여릉왕 유의진, 삼남은 송 문제 유의륭이었다.

제로 옹립할 때 서선지는 부량에게 물었다.

"의도왕은 누구와 비견될 수 있소?"

"진 문제(사마소)보다 낫지요."

"그러면 우리의 충심을 알아주겠군."

"꼭 그렇지는 않을 겁니다."

과연 1년여가 흐른 뒤, 유의륭은 조서를 내려 살인죄로 서선지와 부량에게 사형을 판결했다. 이에 서선지는 자살했고 부량은 체포되었다. 유의륭의 조서를 읽고서 부량은 여덟 글자를 남겼다.

"죄를 씌우려고 하면 어디 구실이 없겠는가欲加之罪, 何患無辭."[25]

2대에 걸쳐 황제를 옹립한 부량은 이렇게 토사구팽을 당했다.

유유에게 양위한 진 공제가 죽고 유유의 아들인 유의부와 유의진도 죽었으며 유의부와 유의진을 죽인 서선지와 부량도 죽었다. 이번에는 30년간 황제로 지낸 유의륭의 차례가 되었다.

송 문제 유의륭은 뛰어난 군주였다. 원가의 치는 그에 의해 실현되었다. 그는 심지어 북벌전쟁을 일으켜 북위의 수중에서 중원 땅을 되찾으려 시도하기도 했다. 하지만 안타깝게도 그의 적수는 태무제 탁발도였다. 결국 북위의 대군이 파죽지세로 양쯔강까지 쳐들어왔다. 만약 나중에 탁발도가 갑자기 철군하지 않았다면 유송은 거의 멸망에 이르렀을 것이다(이 책 제2장 참조).

유의륭은 탁발도의 예봉을 피하기는 했지만 아들의 칼에 목숨을 잃 112

<hr />

25 『송서』「서선지전」「부량전」과 『자치통감』 119, 120권 참조.

었다. 탁발도가 환관에게 피살된 그 이듬해(453), 송나라 태자 유소劉劭가 쿠데타를 일으켰다. 당시 유의륭은 심복인 대신과 새벽까지 은밀히 태자 퇴출을 의논하고 있었다. 태자의 군사가 궁 안에 난입하자 유의륭은 엉겁결에 탁자를 들어 막았다. 하지만 결국 열손가락이 다 잘리고 바닥에 쓰러져 사망했다. 그때 그의 나이는 47세였다.

그 지난해에 피살된 탁발도는 45세였다.

당시 궁중의 분위기는 틀림없이 무척 긴장되었을 것이다. 대신과 밀담을 나누기 전에 유의륭은 엿듣는 사람이 있을까봐 그에게 촛불을 들고 사방을 살피게 했을 것이다. 하지만 비밀을 누설한 사람은 다름 아닌 바로 그 자신이었다. 왜 그랬는지는 몰라도 유의륭은 태자를 퇴출하겠다는 생각을 반숙비潘淑妃에게 말했고 반숙비는 또 자기 아들인 유준劉濬에게 말했다. 유준은 본래 유소와 한패여서 당연히 그 일을 유소에게 알려주었다. 막다른 골목에 몰린 태자 유소는 위험을 무릅쓰고 거사를 단행할 수밖에 없었다.[26]

부황을 죽인 유소도 마찬가지로 긴장이 됐을 것이다. 그는 서둘러 황제 즉위를 선포한 뒤 궁중에 숨어 지냈다. 밤에 잘 때도 손에서 칼을 놓지 않았으며 침대 가에 줄줄이 등불을 켜놓았다. 유소는 자신의 쿠데타가 민심을 얻지 못하리라는 것을 잘 알고 있었다. 더구나 바깥에는 아직 셋째 동생인 무릉왕武陵王 유준劉駿이 있었다. 강주자사江州刺史로서 유준은 수중에 병권을 쥐고 있었다.[27]

113

---

26 『송서』 「문제기」 「서담지전徐湛之傳」 「이흉전二凶傳」과 『자치통감』 127권 참조.
27 『송서』 「문구왕전文九王傳」에 따르면 문제 유의륭은 아들이 19명이었고 그중 장남은 유소, 차남은 유준劉濬, 삼남은 유준劉駿이었다.

유소는 유준을 죽이기로 결정했다.

그러나 천만뜻밖에도 그가 유준에게 사형을 선고하기 위해 파견한 관원이 그를 배반하고 유준에게 붙는 바람에 내전이 개시되었으며 금세 승부가 가려졌다. 결국 유준劉駿이 송 황실의 새 주인 자리를 차지해 효무제孝武帝가 되었다. 그리고 유소와 유준劉濬은 형장의 이슬이 되어 살인범으로 사서에 이름이 올라갔다.

여기에서 몇 가지 세부사항은 깊이 새겨볼 만한 가치가 있다.

유소는 우물 속에 숨었다가 붙잡혔고 유준은 도망치던 길에 숙부인 강하왕江夏王 유의공劉義恭에게 투항했다. 붙잡힌 유소는 황제의 위엄 따위는 모두 잊은 채 공손하게 물었다.

"천자는 어디 계시죠?"

그를 붙잡은 사람이 답했다.

"바로 근처에 계십니다."

"유배형에 처해달라고 대신 상주해주실 수 있습니까?"

"황상이 알아서 처분하실 겁니다."

유소는 할 수 없이 하늘에 운명을 맡겼다.

유소와 달리 유준劉濬은 동생인 유준劉駿을 천자라 부르지 않고 예전의 관직인 남중랑장南中郎將이라 불렀으며 자기 자신은 아명인 호두虎頭라 칭했다. 아마도 그는 골육의 정에 희망을 걸고 동생이 빠져나갈 길을 내줄 것이라고 꿈꿨던 것 같다.

114

유준은 숙부 강하왕에게 물었다.

"남중랑장은 지금 뭘 하고 있습니까?"

"천하에 군림하고 계시지."

유준은 또 물었다.

"이 호두는 늦은 겁니까?"

"아마도 너무 늦은 것 같구나."

"그래도 죽지는 않겠죠?"

"우선 가서 사죄를 해보자."

"미관말직이라도 받아 공을 세워 죄를 씻으면 안 될까요?"

"그건 나도 잘 모르겠구나."

사실 새 황제는 두 형에게 살 길을 열어줄 마음이 전혀 없었다. 형수와 조카들까지 참수하여 그 뼛가루를 양쯔강에 버리게 했다. 일설에 따르면 형을 집행하기 전에 유소의 은殷 황후가 집행관에게 한스러운 말투로 물었다고 한다.

"유씨 집안의 골육상쟁에 왜 무고한 내가 연루되어야 하느냐?"

"황후셨는데 어떻게 무고하다 하십니까?"

"이럴 줄 알았으면 다른 사람에게 황후를 시켰을 것이다."[28]

안타깝게도 그것은 그녀나 다른 사람의 뜻대로 될 수 있었던 일이 아니었다.

115   시기와 악의가 마치 바이러스처럼 유송에 퍼졌다. 효무제 유준, 전폐

---

28 『송서』 「효무제기」 「이흉전」과 『자치통감』 127권 참조.

제前廢帝 유자업劉子業, 명황제明皇帝 유욱劉彧, 후폐제後廢帝 유욱劉昱은 하나같이 살인광이었고 종실의 반란도 여기저기서 이어졌다. 개국황제 유유의 아들 9명과 손자 40여 명, 60~70명의 증손자 중에서 70~80퍼센트가 제명에 가지 못했다.[29]

결국 유송의 정권은 그다지 시기를 받을 일이 없었던 평범한 장수 소도성에게 넘어갔다. 479년, 북위의 풍 태후가 정치 개혁을 시작하고 서로마 제국이 멸망한 지 3년이 지난 그해에 순제順帝 유준劉准은 소도성에게 선양을 강요받았다. 소도성은 곧 칭제를 하고 국호를 제로 바꿨으니 이것이 바로 남제다.

퇴위한 순제는 그 다음 달에 피살되었다. 그는 양위를 강요받을 때 이미 그것을 예상했다. 그 어린 황제는 당시 기껏해야 13세에 불과했지만 제위를 넘기면 무슨 일이 생길지 잘 알고 있었다. 그래서 양위의 의식이 거행되던 날, 불당의 보개寶蓋(절이나 천자의 의례에 쓰이는 큰 햇빛가리개) 아래에 숨어 필사적으로 안 나오려 했다. 이윽고 억지로 끌려 나오고 나서는 눈물을 훔치며 말했다.

"내생에는 제왕의 가문에서 태어나고 싶지 않아."[30]

물론 그것도 그의 뜻대로 될 수 있는 일이 아니었다.

제 고제高帝 소도성은 웬일로 교훈을 얻어, 자기 아들인 제 무제와 함께 종실을 잘 대했고 남제에도 영명의 치가 도래했다. 하지만 제 명제 때부터 악몽이 다시 시작되었다. 전임 황제와 종실의 여러 왕이 그에게

116

---

29 첸무錢穆의 『국사대강』과 푸러청傅樂成의 『중국통사』 참조.
30 『송서』 「순제기」, 『남제서』 「왕경칙전王敬則傳」, 『자치통감』 135권 참조.

도살되었고 그 결과, 남제는 겨우 24년 만에 남량으로 바뀌었다.

남제를 전복시킨 사람은 양 무제 소연이었다. 그에게 제위를 내준 사람은 제 명제의 8번째 아들인 화제和帝 소보융蕭寶融이었다. 그때 15세였던 그 어린 황제는 금을 삼키고 자살하라는 요구를 거절했다. 대신자기가 술을 마시고 의식을 잃었을 때 어떤 방식으로든 죽여도 된다고했다.[31]

양 무제는 매우 만족했다. 물론 그는 47년 뒤 자신도 비명에 죽으리라는 것을, 그것도 더 억울하게 죽으리라는 것을 알지 못했다.

---

31 『남제서』 「화제기」와 『자치통감』 145권 참조.

양 무제의 죽음

양 무제 소연은 극도의 분노로 인해 죽었다.

그날은 태청太淸 3년(549) 5월 2일이었다. 그때 소연은 이미 궁중에 연금된 채 푸대접을 받는 병자였다. 따가운 햇볕과 무더위가 극성을 부려 그는 몹시 꿀물이 마시고 싶었지만 구할 방도가 없었다. 그래서 두 마디 "혁, 혁" 소리만 남긴 채 86세의 고령으로 외롭고 처량하게 이 세상을 떠났다.

황태자는 그 소식을 듣고 눈물을 철철 흘렸지만 감히 곡소리를 내지 못했다.[32]

그렇다. 그때 소연 부자는 둘 다 겉만 그럴싸한 죄수였다. 그들은 황제와 태자의 신분을 유지하고 있는 것 외에는 돈도 무기도 없었다.

그들의 운명을 틀어쥐고 있었던 이는 후경侯景이었다.

후경은 본래 북방에서 반란을 일으키고 남조로 도망쳐온 인물이었 **118**

---

32 『양서』「무제기하」와 『자치통감』 162권 참조.

다. 그전에, 나라를 세운 지 150년이 지난 북위는 로마 제국처럼 동서 양국으로 나뉘어 있었다. 서위는 수도가 장안이었고 실제 집권자는 한화된 선비족 우문태宇文泰였다. 그리고 동위의 수도는 업성鄴城(지금의 허베이성 린장臨漳)이었으며 실제 집권자는 선비화된 한족 고환이었다.

물론 서위와 동위는 모두 명목상으로는 선비족 탁발부의 정권이었다.

선비화된 갈인 후경은 한때 고환의 부하였지만, 고환이 죽은 뒤 계승자인 고징高澄과 반목하여 황허강 이남 13주의 토지를 갖고서 양 무제에게 투항했다. 양 무제는 그것이 하늘이 내려준 선물이라고 생각했지만 뜻밖에도 서위가 혼란을 틈타 후경의 근거지를 점령했고 남량의 원군은 동위의 공격에 참패를 당했다. 어쩔 수 없이 양 무제는 동위와 화의를 맺어야 했다.

동위의 조건은 당연히 남량이 후경을 내놓는 것이었다.

그것은 후경을 사지로 내모는 것이나 다름없었다. 그와 동시에 후경도 남량의 부패와 무능을 간파했다. 어쨌든 죽는 길만 남게 된 그는 창끝을 돌려 건강을 습격했다. 그리고 서고트족과 반달족이 로마를 약탈했을 때처럼 남량의 수도를 함락시키고 수많은 사람을 학살한 뒤, 마지막에는 대성臺城까지 공략해 들어갔다.

대성은 지금의 난징시 쉬안우玄武구에 있었으며 동진과 남조의 황궁 및 정부의 소재지로서 수도 건강의 성 안의 성이었다. 당시 중앙정부가 상서대尚書臺라고 불려 대성이라 칭해졌다. 다시 말해 당시 남량의 수도 건강에서 바깥 둘레는 경성京城이고 한가운데는 대성이었다. 건강성이 무너졌지만 중앙정부는 아직 멀쩡했다. 만약 대성마저 무너지면 황제와 황태자는 속수무책으로 붙들릴 수밖에 없었다.

후경과 양 무제는 결국 서로 얼굴을 마주했다.

그런데 그 전쟁은 어쨌든 두 나라 사이의 교전이 아니었다. 또한 후경은 자기가 반란을 일으켰다고 생각하지 않았고 양 무제도 자기가 패한 군대의 수장이자 망국의 군주라고 생각하지 않았다. 그래서 그들의 만남은 역시 군신의 예를 따랐으며 후경은 심지어 자기가 간신의 박해를 받는 바람에 부득이 황제를 놀라게 하여 특별히 사죄를 하러 왔다고 표명했다.

그의 등 뒤에는 갑옷을 입은 500명의 호위무사가 서 있었다.

사실상 이미 전쟁 포로가 된 양 무제는 그래도 침착했다. 그는 매우 담담하게 말했다.

"먼 길을 오느라 수고가 많았네."

후경은 등에 땀이 흘렀고 감히 고개를 들 수가 없었다. 양 무제가 물었다.

"경은 어디 사람이며 왜 이렇게 대담한 것인가? 경의 아내와 자식은 아직 북방에 있는가?"

후경은 이번에도 감히 대답을 하지 못했다. 옆에 있던 자가 부득이 그를 대신해 답했다.

"신하 후경은 온 가족이 고징에게 몰살을 당해 단신으로 폐하께 귀순했습니다."

양 무제는 또 물었다.

"처음 강을 건넜을 때 자네에게는 몇 명이 있었나?"

후경이 답했다.

"1000명이 있었습니다."

"대성을 포위했을 때는 또 몇 명이 있었나?"

"10만 명이 있었습니다."

"그러면 지금은 몇 명인가?"

"온 나라 사람이 다 제 사람입니다."

양 무제는 고개를 떨궜다.[33]

그것은 정말 극적인 일이었고 그런 극적인 성격은 사실 역사 그 자체의 속성이다. 그렇다. 벼랑 끝에 몰린 후경은 겨우 1000명을 데리고 강을 건너왔다. 그런데 오합지졸인 그 망명군이 어떻게 일거에 한 왕조를 전복시킨 걸까?

직접적인 원인은 남량 내부의 첩자였다.

첩자의 이름은 소정덕蕭正德이었다. 그는 양 무제의 조카였고 한때는 양자이기도 했다. 양 무제에게 진짜 아들이 생긴 뒤, 소정덕은 황태자가 될 가능성을 잃고 마음속에 한을 품었다. 그래서 남량의 황제로 세

33 『양서』「후경전」, 『남사』「후경전」, 『자치통감』 162권 참조.

워주겠다는 후경의 제의에 넘어가 건강의 성문을 열어주었다.[34]

하지만 그것은 여러 원인 중 하나였을 뿐이다. 사실 후경이 군대를 일으켰을 때부터 대성의 함락까지는 약 반년이 소요되었다. 그렇게 긴 시간 동안 수도가 포위되고 황제와 황태자가 억류되는 과정에서 설마 구원해주러 온 사람이 아무도 없었단 말인가?[35]

당연히 있었다. 소릉왕劭陵王 소륜蕭綸(양 무제의 여섯 번째 아들), 상동왕湘東王 소역蕭繹(양 무제의 일곱 번째 아들), 사주자사司州刺史 유중례柳仲禮 등이 군대를 이끌고 황제를 지키러 달려왔다. 그런데 어떻게 되었을까? 강 건너 불구경하듯 꼼짝도 하지 않았다. 심지어 성 안에서 아사자가 속출하는데도 그들은 성 밖에서 기생을 껴안고 술을 마셨다.

그 꼴을 보고 많은 이가 애를 태웠지만 아무도 그들을 움직이지 못했다. 소릉왕 소륜은 누구의 권유도 따르지 않았고 유중례는 부친인 유진柳津의 말조차 듣지 않았다. 당시 대성에 갇혀 있던 유진은 성루에 올라 자기 아들을 향해 외쳤다.

"임금과 아버지가 어려움에 처해 있는데도 구하지 않으면 후손들이 너를 어떻게 보겠느냐?"

그래도 유중례는 꼼짝도 하지 않았다. 유진은 소득 없이 궁중으로 돌아가야 했다. 그리고 자신에게 대책을 묻는 양 무제에게 비분강개하여 말했다.

"폐하에게는 소릉왕이 있고 소신에게는 유중례가 있지만 모두 불충

34 『양서』 「소정덕전」, 『남사』 「소정덕전」, 『자치통감』 162권 참조.
35 후경이 군대를 일으킨 것은 태청 2년 무술일이었고 대성이 함락된 것은 이듬해 3월 정묘일이었다.

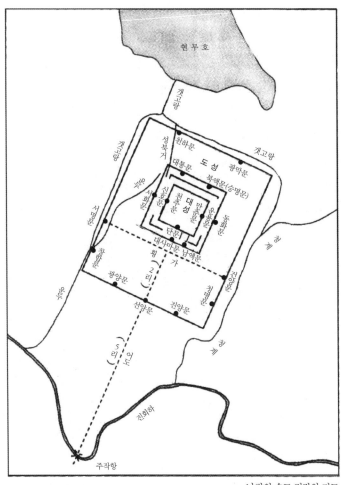

현무호

갯고랑

갯고랑

도 성

성북거

천하문

광막문

대통문

북액문(승명문)

용흥문

서화문

신룡문

칠묘문

대 성

만춘문

단문

동화문

서명문

대사마문

남액문

회

가

건양문

양무문

광양문

(2 리)

청명문

선양문

진양문

청

계

청

계

(5 리)

어도

진회하

주작항

남량의 수도 건강의 지도

불효하니 반적을 어떻게 평정할 수 있겠습니까?"[36]

결국 대성을 지키던 수비대장에게 기대를 걸 수밖에 없었다.

수비대장 소견蕭堅은 소릉왕 소륜의 세자였다. 그런데 이 왕족 나리는 전형적인 식충이였다. 당시 후경이 현무호玄武湖의 물을 끌어다 성에 퍼부으며 주야로 공격을 했는데도 그는 술독에 빠져 군대와 백성을 전혀 돌보지 않았다. 결국 한 부하가 참다못해 새벽에 밧줄을 내려 후경의 군사들을 성 안으로 끌어들였다.

그래서 대성은 함락되었고 소견도 목이 날아갔다.

적군이 성으로 난입하자 다른 사람들도 버텨내지 못했다. 소견의 동생 소확蕭確은 용감하고 지략을 갖춘 인물이었지만 역시 패배를 막을 수는 없었다. 그는 궁으로 달려가 대성이 함락되었다는 소식을 전했다.

양 무제가 침상에 누운 채 담담하게 물었다.

"더 싸울 수 있는가?"

소확이 말했다.

"불가합니다."

양 무제는 탄식하며 말했다.

"알겠다. 그대는 어서 성을 나가 그대의 부친에게 고하라. 나와 태자는 염려하지 말라고. 대량大梁의 강산은 내가 얻은 것인데 또 내가 잃게 되었으니 별로 유감스러운 것은 없다."[37]

그것은 아마도 진심이었을 것이다, 아마도. 어쨌든 그전의 왕조인 남   124

36 『자치통감』 162권 참조.
37 『양서』 「소견전」 「소확전」과 『자치통감』 162권 참조.

제는 겨우 24년 만에 망했는데 양 무제의 재위 기간은 그 2배인 48년이었으니 그것만으로도 확실히 죽어도 여한이 없을 만했다.

하지만 정말로 그랬을까?

더 이상 나쁠 수는 없었다

양 무제는 죽어서도 눈을 못 감았을 것이다.

양 무제가 무능한 군주였다고 말할 수는 없다. 그는 부지런해서 한겨울에도 새벽같이 일어나 업무를 보았다. 또 소박해서 술과 고기를 즐기지 않고 매일 채식으로만 한 끼를 먹었으며, 절약도 생활화하여 모자하나를 3년 동안 쓰고 이불 한 채를 2년 동안 덮었다. 게다가 겸손해서 환관을 대할 때도 예의를 갖췄고, 자제력도 강하여 50세 이후로는 성생활을 안 하고 그야말로 고행승처럼 지냈다.[38]

역사적으로 이렇게 금욕적인 훌륭한 황제가 있었을까?

없었다.

양 무제는 심지어 인자한 군주이기도 했다. 일반 백성이 죽을죄를 지으면 늘 한바탕 통곡을 하고 형 집행을 명했으며 왕족과 귀족이 불법을 저지르면 불러서 꾸짖기만 하고 없던 일로 해주었다. 소정덕만 해 126

38 『양서』「무제기하」 참조.

도 일찍이 모반하고 북위로 도망친 적이 있었지만 그가 다시 돌아왔을 때 계속 서풍후西豐侯의 작위를 유지하게 해주었다.

그는 황제라기보다는 그야말로 보살 같은 인물이었다.

그러나 소정덕은 은혜를 갚기는커녕 양 무제의 제위와 목숨을 요구했다. 대성이 무너진 뒤 그가 가장 먼저 하려고 했던 일은 직접 칼을 들고 양 무제와 황태자를 죽이는 것이었다. 만약 후경이 미리 병사를 보내 궁문을 지키게 하지 않았다면 그 두 사람은 목숨을 잃었을 것이다.[39]

그런데 금수보다 못한 자는 소정덕만이 아니었다. 후경이 대성에 진입한 뒤, 황제를 구하겠다고 온 연합군은 알아서 흩어졌고 총사령관 유중례는 후경에게 투항하기까지 했다. 심지어 그는 대성에 들어와서 먼저 후경에게 인사를 한 뒤에야 황제를 알현하여 그의 아버지 유진을 통곡하게 만들었다.

"너는 내 아들이 아니다, 너는 내 아들이 아니야! 왜 굳이 수고롭게 나를 보러 왔느냐!"[40]

이 모든 것을 양 무제는 일찍이 예상한 적이 있었을까?

당연히 예상하지 못했을 것이다.

사실 양 무제는 오랫동안 평화롭게 통치할 수 있기를 바랐다. 게다가 송과 제, 제와 양의 두 차례에 걸친 왕조 교체를 직접 겪었기에 그는 매우 용의주도하게 나라를 다스렸다. 소정덕 같은 인간쓰레기를 지나

127

39 『양서』 「소정덕전」, 『남사』 「소정덕전」, 『자치통감』 162권 참조.
40 『양서』 「유중례전」과 『자치통감』 162권 참조.

칠 정도로 너그럽게 용인했던 것도 내분으로 무너진 전 왕조들의 전철을 다시 밟지 않기 위해서였다. 적어도 그런 나쁜 상황이 연출되는 것은 원치 않았다.

하지만 결과는 훨씬 더 나빴다.

사실 대성이 포위되었을 때 각 제후가 꼼짝도 않고 방관만 했던 것은 일종의 차도살인借刀殺人을 노렸기 때문이었다. 후경과 양 무제가 싸워 양쪽 다 치명적인 피해를 입으면 앉아서 어부지리를 취하려 했다. 이처럼 그들의 마음속에는 아예 황제와 부친이 존재하지 않았던 것이다.

그래서 대성이 무너지자마자 그들은 뿔뿔이 흩어졌고, 또 무제의 시신이 식기도 전에 그들은 형제끼리 아귀다툼을 벌였다. 이것은 사실 송나라와 제나라의 비극이 재연된 것에 불과했지만, 더 나쁘게는 외적과 내통하여 그들을 집안으로 끌어들이는 일도 생겼다. 소정덕은 후경에게, 무제의 손자인 소찰蕭詧은 서위에 빌붙었으며 소륜은 동위를 대신한 북제에, 소역은 서위와 북제에 차례로 빌붙었다.

그래서 남량이 후경을 한왕漢王에 봉했을 때(550) 북제와 서위도 각기 소륜과 소찰을 양왕梁王에 봉했다. 그 이듬해에 북제는 또 소역을 양상국梁相國에 봉했다. 다시 말해 경쟁자를 없애기 위해 무제의 자손들은 앞다퉈 북방의 '오랑캐'들에게 고개를 숙이고 그들의 신하가 되어 스스로 매국노가 된 것이었다.

128

남량도 결국 멸망했다.

사실상 무제가 죽자마자 남량은 멸망했다. 그 다음의 간문제簡文帝는 후경의 허수아비였고 양 원제元帝는 지방에 할거한 제후였으며 양 경제敬帝는 진陳 왕조 수립의 발판에 불과했다. 때가 되자 진패선은 양 경제를 핍박해 선양을 하게 했다. 바꿔 말해 남량은 황제가 실질적으로 양 무제 1명뿐이었으며 그의 재위 기간도 48년에 불과해서 송, 제와 마찬가지로 왕조 교체와, 안정과 혼란의 괴이한 순환을 벗어나지 못했다.

이것은 당연히 성찰해볼 만한 가치가 있다.

성찰은 유유로부터 시작해보자. 유유는 미천한 서족 출신의 군인 신분으로 사족계급의 동진을 전복시켰다. 그래서 그는 자신의 새 정권을 위해 세 가지 원칙을 세웠다. 황권을 강화해야 하고, 천하는 여럿이 함께 통치해서는 안 되고, 사족은 배제해야 했다. 또한 그래서 송과 제, 두 왕조는 서족을 대거 기용해 중앙의 요직을 맡겼으며 지방의 군사 요새와 군사권은 번왕藩王으로 봉해진 황족에게 넘겼다.

다시 말해 요직은 서족이, 군권은 황제의 종실이 장악했다.[41]

그 결과는 어땠을까?

집안싸움으로 내란이 잇달아 왕조가 무너졌다.

양 무제는 전 왕조들의 실패를 교훈 삼아 정책을 조정했다. 한편으로는 사족의 사회적 지위를 회복시켰는데, 이부吏部에서는 심지어 『백가보百家譜』에 기재된 명망가의 기록을 보고 사족들에게 고급 관직을 수

129

---

41 첸무의 『국사대강』, 판수즈의 『국사개요』, 가와모토 요시아키의 『중화의 붕괴와 확대: 위진남북조』 참조.

여했다. 그리고 다른 한편으로는 능력을 갖춘 서족을 계속 임용해 실제 업무를 처리하게 했다. 마지막으로 종실인 제후들은 한층 더 지방의 실권파가 되어서 송, 제 때처럼 남의 감시를 받는 일이 없어졌다.[42]

양 무제는 이렇게 하면 황족, 사족, 서족의 관계가 잘 세워져 정치세력의 균형과 견제가 실현될 것이라고 생각했다. 나아가 그 세 세력이 세 개의 기둥으로 거대한 제국을 지탱해줄 수 있기를 바랐다.

그러나 이런 그의 꿈은 수포로 돌아갔다.

우선 사족은 동진 말엽에 이미 부패한 계급이 되었고 그 후에는 송, 제, 두 왕조에 걸쳐 80년 넘게 압제를 받았다. 그런 세력이 어떻게 위진 시대의 위풍을 되살릴 수 있었겠는가? 그들은 과거의 문화재처럼 다시 끄집어내져 아마도 더 빨리 부패했을 것이다. 건강령建康令 왕복王復 같은 사람은 말조차 몰라보고 놀라서 호랑이라고 할 정도로 세상 물정을 몰랐다. 이런 자들에 의지해 나라를 지키는 것이 어떻게 가능했겠는가?[43]

황족도 변변치 않기는 마찬가지였다. 하나같이 바깥 싸움에는 무능하고 집안싸움에만 능했을뿐더러 극도로 사치스럽고 온갖 나쁜 짓을 자행했다. 양 무제의 여섯 번째 동생이자 소정덕의 부친이었던 소굉蕭宏은 심지어 무제의 딸이자 자신의 조카딸인 여자와 정을 통하고 몰래 제위까지 찬탈하려 했다. 이런 자들에게 어떻게 의지할 수 있었겠는가?[44]

---

42 판원란의 『중국통사』와 판수즈의 『국사개요』 참조.
43 왕복의 이야기는 안지추의 『안씨가훈』 참조.
44 『남사』 「소굉전」 참조.

의지할 수 있는 자들은 서족뿐이었다.

그러나 서족도 그 안에 옥석이 뒤섞여 있었을뿐더러 아무리 군자여도 사회의 인정을 받기가 어려웠다. 어쨌든 문벌제도는 위진 시대에 이미 100년 넘게 시행되어서 사족은 여전히 영향력이 남아 있었다. 게다가 양 무제가 또 사족을 중용하는 바람에 서족은 중견 세력이 되기가 더더욱 어려워졌다.

더 중요한 것은 한나라 말부터 중국사회에서 핵심 가치가 사라지고 문벌 관념만 남은 것이었다(이중톈 중국사 11권 『위진풍도』 참조). 만약 그것까지 폐지되면 무엇으로 그 공백을 채운단 말인가?[45]

양 무제는 그 점에 주목했다.

그가 생각해낸 방법은 세 가지였다. 국학을 일으키고, 덕치를 행하고, 불교를 숭상하는 것이었다.

남량에서 국학은 사실 유학 혹은 태학太學이었다. 무제는 새롭게 유가의 오경五經을 위해 오관五館을 설립했다. 오관은 오경박사가 강의를 하는 곳이자 관리 후보들이 시험을 치는 곳이었다. 누구든 시험만 통과하면 출신과 상관없이 관직을 얻을 수 있었다. 실제로 오관의 생원生員들은 미천한 가문의 자제들이 대부분이었기 때문에 이것은 사실상 수당 과거제도의 전신이었다.[46]

아마도 이것이 양 무제 소연의 정치에서 가장 뛰어난 업적일 것이다. 하지만 그의 덕치는 완전히 실패로 돌아갔다. 소굉을 예로 들면 언

131

---

45 이 문제는 첸무의 『국사대강』 참조.
46 『양서』 「무제기하」와 가와모토 요시아키의 『중화의 붕괴와 확대: 위진남북조』 참조.

젠가 그의 집에 100칸짜리 창고가 있고 거기에 무기가 숨겨져 있다는 제보가 들어왔다. 이에 양 무제가 친히 가서 살펴보니 창고 안에 쌓인 것은 무기가 아니라 금은보화였다. 그중 돈만 해도 30칸이었는데 1칸에 천만씩 모두 3억이었다. 이를 보고서 양 무제는 마음을 놓고 흥미로운 듯 소굉에게 말했다.

"여섯째야, 너는 사는 데는 문제가 없겠구나!"[47]

이것이 무슨 덕치이고 덕육德育(도덕교육)이란 말인가?

사실 소굉의 창고를 채우고 있었던 것은 전부 백성의 고혈이었고 이것을 몰랐던 사람은 없었을 것이다. 후경은 대성을 포위했을 때 책사를 시켜 전단지를 쓰게 하여 성 안에 뿌렸다. 그 전단지에는 이런 말이 적혀 있었다.

"양나라의 왕공귀족들이 어떻게 살았는지 모두 보라! 그놈들은 일도 안 하면서 호의호식을 했다. 만약 백성에게 갈취를 안 했다면 그놈들의 재산이 어디서 생겼겠는가?"[48]

후경도 나쁜 놈이기는 했지만 결코 틀린 말이 아니었다.

이제 돌아보면 양 무제가 성실하고 소박했다는 것은 틀림없이 조작이었던 것으로 보인다. 이런 조작은 꼭 그 자신이 행했다기보다는 정권의 차원에서 행해졌을 것이다. 또한 그가 덕으로 나라를 다스렸다는 것 역시 실상은 정권의 조작이었기에 그가 목숨이 위태로웠을 때도 아무도 그를 구하려 하지 않았을 것이다. 그가 자신을 도덕적인 모범으

132

47 『남사』「소굉전」 참조.
48 『자치통감』 162권 참조.

로 빚어냈는데도 말이다.

국학과 덕치가 양나라를 구할 수 있었을까? 그것은 한낱 백일몽이었다.

이제 구국의 방법은 단 하나, 종교만 남았다. 종교는 남북조의 큰 문제였으며 양 무제는 그것과 관련된 가장 대표적인 인물이었다. 이른바 '남북조에 480곳의 사원이 있었다'는 말은 그와 밀접한 관계가 있었다. 더구나 종교는 제1제국과 제2제국, 다시 말해 진한 문명과 수당 문명의 차이를 가장 극명하게 보여주는 문제여서 중국사가 절대로 피해갈 수 없다.

그러면 종교에 관해 살펴보자.

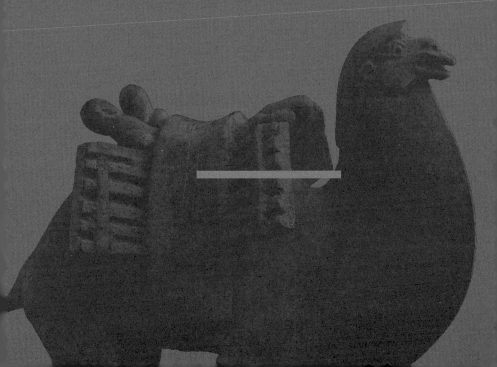

제4장

종교 문제

후조의 황제가 '위대한 스승'이라고 부른 불도징은
최초로 불교를 국가 공권력의 보호 아래 두었다.
하지만 그는 황권을 이용해 교권을 얻을 때 불학의 조예가 아니라 도교의 방술에 의지했다.

도교의 흥기

불교는 중국에서 처음에는 도교로 간주되었다.

그것은 이상한 일이 아니었다. 중국에는 본래 종교가 없었고 신앙도 없었다. 하나라와 하나라 이전 시대에는 아마 샤머니즘만 있었을 것이다. 상나라 시대에 상제가 있기는 했지만 그것은 조상숭배였지 종교적 신앙은 아니었다. 상나라의 상제는 신도 조물주도 아니고 죽은 제왕이었다. 이에 대응하는 것은 '하제下帝', 즉 현재의 상나라 왕이었다.

하제와 상제는 모두 인간이었다.

달리 말하면 하제는 인간, 상제는 귀신 또는 죽은 인간이었다.

그 후에 주나라인은 조상을 숭배하는 한편, 천명을 믿었다. 하늘의 주요 역할은 천자에게 천하를 관리하는 권한을 주고 자격 미달의 통치자에게 혁명을 가하는 것이었다. 이처럼 신이기도 하고 자연이기도 한 존재는 사실 인간이어서 그 후의 기나긴 세월 동안 구체적으로 하느님

137

老天爺이라 불리기도 했다.

그것은 마찬가지로 종교도 신앙도 아니었다.

사실 중국에서는 자발적으로 종교가 생기는 것이 불가능했다(그 이유는 이중톈 중국사 2권 『국가』와 3권 『창시자』, 9권 『두 한나라와 두 로마』 참조). 중국에 자발적으로 자본주의가 생기는 것이 불가능했던 것처럼 말이다. 다시 말해 중국에서 종교는 외부에서 전래된 타 민족의 문화일 수밖에 없었다. 그래서 처음 중국에 들어왔을 때 불교는 이미 중국에 존재하던 어떤 것으로 이해될 수밖에 없었다.[1]

그러면 그것은 무엇이었을까?

넓은 의미의 원시 도교였다.

사실 문화가 본래 '문명을 통한 교화'라는 뜻인 것처럼 종교도 중국어에서는 '어떤 교화를 종봉宗奉, 즉 우러러 받든다'는 뜻이다. 그래서 무릇 '도로 교화하는' 이론과 실천은 모두 넓은 의미의 도교였다. 선진先秦 시대의 제자백가와 훗날의 불교와 도교는 모두 이렇게 이해되었다.[2]

그것은 당연히 엄격한 의미의 종교religion가 아니었다.

원시 도교도 종교가 아니었다. 그것은 절반은 사상, 즉 황로도黃老道였고 절반은 법술法術, 즉 방선도方仙道였다. 도교는 황로도와 방선도의 혼합이었다.

먼저 황로도에 관해 이야기해보자.

138

---

1 구준顧准 선생은 중국에서 자본주의가 자생하는 것이 불가능했다는 문제에 관해 상세하면서도 권위적인 글을 남겼다. 그의 『자본의 초기 축적과 자본주의의 발전資本的原始積累和資本主義發展』 참조.

2 '문화'라는 단어의 본래 의미는 유향劉向, 『설원說苑』 「지무편指武篇」의 "문명으로 교화해도 바뀌지 않으면 그 다음에는 폭력으로 다스린다文化不改, 然後加誅"에 나타난다. 그리고 넓은 의미의 도교에 관해서는 칭시타이卿希泰·탕다차오唐大潮의 『도교사』 참조.

황로도는 황로지술黃老之術이라고도 불렸는데 간단히 말해 황제黃帝와 노자의 기치를 든 사상과 방법이었다. 황제와 노자를 연계시킨 때는 전국 시대였고 그것이 크게 유행한 때는 양한 시대였다. 당시 황로도는 내용이 복잡하고 방대하여 대동大同의 사회사상과 무위이치無爲而治의 정치 이념에 주역철학, 신선사상, 음양오행의 관념이 다 합쳐진 잡탕이었다.

그것은 일종의 사조였다.

사조로서 황로지술이 한나라 초에 숭상을 받은 것은 당시의 통치자들이 청정무위淸靜無爲(마음을 비우고 순리에 따른다는 의미)와 여민휴식與民休息(오랜 혼란기가 지난 후 백성에게 휴식을 권장해 경제를 부흥시키는 정책)을 주장했기 때문이다. 하지만 그랬다고는 해도 황로에 대한 그들의 태도는 역시 신봉이었을 뿐, 신앙은 아니었다. 게다가 그 신봉조차 유가만 받들어지게 된 후로 점차 엷어졌다. 황로지술 속의 주역철학과 음양오행은 유가에 의해 흡수되어 남은 것은 신선사상뿐이었다.

신선사상은 중국 고유의 것으로 다른 민족에는 신神만 있지 선仙은 없었다. 신과 선의 구별은, 신은 신이고 선은 인간이라는 데 있거나 신은 죽은 사람이고 선은 산 사람이라는 데 있었다. 어떤 사람이 생전에 나라와 민족에 큰 공을 세우면 죽은 뒤에 로마의 카이사르처럼 신으로 봉해졌다. 그리고 수련이나 약 복용을 통해 불로장생의 육체를 얻어 비상하면 그 사람은 신선이었다. 당나라의 한상자韓湘子와 여동빈呂洞賓

이 그랬다.

확실히 신을 봉하는 것은 국가와 민족의 일이어서 개인은 신선이 될 수밖에 없었다.

신선이 되는 것은 도교의 핵심 내용이었다.

신선이 되는 꿈을 이루는 방식이 바로 방술이었고 방술을 아는 사람은 곧 방사方士였다. 방사는 전국 시대 제나라와 연나라 일대의 연해 지역에서 발생했는데 일반인이 못하는 일을 할 수 있는 것이 그들의 공통적인 특징이었다. 예를 들어 진시황 때의 서복徐福은 선약仙藥을 구할 수 있었고 한 무제 때의 난대欒大는 귀신과 통했으며 조조 때의 좌자左慈는 신출귀몰했다. 요컨대 그들은 기이한 비방이나 비술을 갖고 있어서 천하를 주유하며 군주나 제후와 사귈 수 있었다.

그들 중 누가 사기꾼이고 누가 기인이었는지 말하기는 어렵지만, 방술이 단순하게 샤머니즘과 같지는 않다는 것은 긍정할 수 있다. 예를 들어 신의라 불린 화타華佗도 방사였다. 실제로 고대 중국에서 샤머니즘과 의술은 흔히 불가분의 관계였으며 이른바 방술은 신비화되고 샤머니즘화된 과학기술이었을 가능성이 더 크다.

방중술房中術을 예로 들어보겠다.

방중술은 사실 성과학이자 성 기술이었다. 도교는 성생활이 반드시 필요하고 그 방법을 중시해야 한다고 생각했다. 왜냐하면 섹스의 의의는 생육이나 쾌락이 아니라 양생養生에 있기 때문이었다. 다시 말해 섹스는 합기合氣, 즉 남자의 양기와 여자의 음기를 조화시켜 양기로 음기를 보완하고 음기로 양기를 보완하는 이중의 목적에 도달하는 것이었다.

그것은 살을 맞대고 체액을 교환하는 방식으로만 실현되므로 성생활은 필수불가결했다. 다만 시의에 안 맞거나 절제를 모르거나 요령이 없으면 정반대의 결과가 생길 수도 있었다. 그래서 금기가 있어야 하고 기술도 있어야 했다. 삽입의 깊이, 피스톤 운동의 속도, 오르가즘의 시점 등이 다 고려 대상이 되었다. 결국 방중술을 잘 알면 수명을 연장하고 젊어져서 심지어 신선이 될 수도 있다고 생각했다.

이런 방술은 아마 많은 사람이 즐겨 실천했을 것이다. 비록 신선이 될 수 없어도 신선이 되고 싶고, 신선이 되려고 무엇이든 할 수 있다면 안 할 이유가 없지 않은가?

신선이 되는 것과 방술의 관계는 대체로 이랬다.

이것이 바로 방선도였다.

방선도의 내용에는 당연히 방중술만 있지 않았다. 적어도 복식服食과 행기行氣가 더 있었다. 행기는 우선 한의학에서 창시한 일종의 호흡 방법으로 그 목적은 탁한 기를 뱉어내고 맑은 기를 들이마시는 것이었다. 즉, 오래된 것을 내보내고吐 새로운 것을 받아들이는納 것이어서 간단히 토납吐納이라고 불렀다. 그리고 토납을 할 때 곁들이는 체조는 도인導引이라 했으며 여기에 안마까지 곁들여서 통틀어 행기라고 불렀다.

복식도 복약服藥과 복단服丹, 두 가지를 포함했다. 약은 영지버섯 같은 초목이었고 단은 단사丹砂 위주의 광석이었다. 약은 몸을 튼튼하게 해주지만 단은 신선이 되게 해주므로 따로 선단仙丹이라 불렸다. 가장 좋은 금단은 먹은 뒤 사흘이면 신선이 됐는데 그 이름은 구전금단九轉金丹이었다.

'구전'은 반복적으로 가열하고 정련하는 것을 뜻하며 단은 세발솥인 노정爐鼎에서 만들었다. 단사 등의 원료를 정련해 만든 것은 이름이 외단外丹으로, 주요 화학성분이 납과 수은이어서 복용하면 신선이 되기는커녕 중독이 되곤 했다. 그리고 도교에서는 또 인체를 노정으로 간주하고 자신의 정精, 기氣, 신神을 재료와 화롯불로 삼아 정련해낸 결과를 내단內丹이라고 했다. 훗날 남송 전진교全眞教의 남북 두 종파는 모두 외단을 배척하고 내단을 주장했다.

복식, 행기, 방중술은 진한秦漢 시대 방술의 3대 추세였다. 그밖에도 방술은 천문(점성술 포함), 역술, 점복, 관상, 풍수, 연금술 등을 다 포괄했다. 도교는 그 잡동사니들을 죄다 받아들였고 적잖은 것들을 황제의 발명이나 노자, 장자의 주장으로 탈바꿈시켰다.

방선도와 황로도는 이렇게 하나로 합쳐졌다.

하지만 그것은 결코 종교가 아니었다. 실제로 방선도든 황로도든 가장 중시한 것은 신선이 되는 것과 양생이었다. 이 두 가지는 단지 개인과 관련이 있었는데 종교는 사회에서 조직적 행위를 연출한다. 만약 황로도와 방선도가 사회 대중 및 국가 사무와 전혀 관계를 맺을 수 없었다면 영원히 방술에 머물렀을 것이다.

그래서 재초齋醮와 부록符籙이 발명되었다.

재초는 일종의 제사로서 제단을 차리고, 공양을 하고, 향을 사르고, 부적을 그리고, 주문을 외우는 등의 절차가 있었으며 목적은 복을 빌고 화를 없애는 것이었다. 이것은 적어도 이론적으로는 나라와 백성을 이롭게 하는 일이었다. 재초는 위로는 천자, 가운데는 각급 관원들, 아래로는 백성을 수혜자로 삼아 그들을 완전히 동등하게 대했다.

대중적 토대를 가진 도교에서 재초의 역할은 상당히 중요했다.

부록은 붉은 먹으로 종이에 적은, 글자와 유사한 도형이었다. 불에 태우면 신과 통하고, 귀신을 쫓고, 비를 부르고, 병을 치료할 수 있다고 믿어졌다. 이것은 신선이 되는 것보다 더 사회의 수요를 만족시켰다. 실제로 최초의 도교 조직이었던 천사도天師道와 태평도太平道(이중톈 중국사 9권 『두 한나라와 두 로마』 참조)는 이 부록의 신비한 작용에 힘입어 많은 신도를 끌어들여 크게 발전했다.

더구나 부록은 훗날 일종의 제도가 되었다. 천사도는 규정하길, 어떤 사람이 일정한 의식에서 정식으로 부록을 받아 몸에 지니면 그 조직에 가입해 교단의 일원이 된 것을 뜻한다고 했다. 우리는 종교의 지표 중 하나가 교단 조직이며 그 역할 중 하나는 아이덴티티의 승인(이중톈 중국사 2권 『국가』 참조)임을 알고 있다. 그래서 부록 제도를 가짐으로써 방선도는 종교와 겨우 한 발짝 거리만이 남았다.

하지만 그 한 발짝은 역시 어마어마하게 멀었을 것이다. 어쨌든 종교는 중국에서 자발적으로 생기는 것이 불가능했고 황로도와 방선도 역시 필연적으로 종교로 변하지는 않았을 것이다. 만약 외부 세력의 자극과 타자의 시범이 없었다면 천사도든 태평도든 생겨나기는 했어도 그저 샤머니즘에 의지해 유지되는 민간조직에 머물 수밖에 없었으며 잘못했으면 사교邪教가 되었을 것이다.

다행히도, 불교가 전래되었다.

불교의 전래

불교가 중국에 전래된 구체적인 시기에 대해서는 역대로 다양한 견해가 있었다. 학계에서 보편적으로 인정하는 것은 전한 애제哀帝의 원수元壽 원년(기원전 2)이다. 그해에 어느 박사博士의 제자가 대월지大月氏에서 온 사신이 『부도경浮屠經』을 구술하는 것을 들었다. 부도는 사실 붓다Buddha이며 대월지의 사신이 구술한 것은 석가모니의 삶에 관한 이야기로서 훗날 알려진 전설과 차이가 없었다.[3]

이것이 비교적 믿을 만한 가장 이른 전래 시기다.

그러면 가장 늦은 시기는 언제일까?

후한 명제明帝 시기다. 명제가 불법을 구하러 인도에 사신을 파견했다는 것은 전설에 불과해도 그의 동생, 초왕楚王 유영劉英이 붓다를 숭상하고 왕궁에서 재계하며 예불을 올린 것은 틀림없는 사실이며 당시 불교의 영향력이 이미 작지 않았음을 보여준다. 그런데 도교 최초의 경

145

---

3 『삼국지』「오환선비동이전烏丸鮮卑東夷傳」 배송지주裴松之注의 『위략魏略』「서융전西戎傳」 인용 참조.

전인 『태평경太平經』이 탄생한 것은 적어도 반세기 뒤였다.[4]

천사도와 태평도가 종교조직이 된 것은 더 나중이었다.

따라서 도교의 창시자가 불교에서 힌트와 영감을 얻고 심지어 그것을 본받는 것은 전적으로 가능한 일이었다. 물론 현존하는 자료를 보면 도교의 창립이 불교의 영향을 받은 것 같지는 않다. 하지만 반대로 불교의 영향을 전혀 받지 않았다는 증거가 있을까? 미안하지만 역시 없다.[5]

사실 불교의 영향을 빼놓고는 천사도와 태평도가 어떻게 약속이나한 듯 뜬금없이 생겨났는지 설명할 길이 없다. 아마도 그들은 종교가 무엇인지 몰랐을 것이며 자신들이 종교를 만들고 있는지도 의식하지 못했을 것이다. 그저 남이 어떤 것을 갖고 있으므로 우리도 가져야 하고, 가질 수 있다고 생각했을 것이다.

또한 그래서 도교는 발전 과정에서 계속 불교를 본받았다. 불교에 사원이 있어 도교에 도관道觀이 생겼고 불교에 승려가 있어 도교에 도사가 생겼으며 불교에 가사가 있어 도교에 도포가 생겼다. 그리고 불교에 석가모니가 있어 도교는 부득이 노자를 떠받들었다. 사실 노자는 과연 그런 사람이 존재했느냐는 것조차 확실치 않으며 종교와는 더더욱 무관했다. 하지만 그래야만 도교는 더 그럴듯해 보일 수 있었다.[6]

의심의 여지없이 그것은 그다지 이상한 일이 아니고 창피한 일도 아니다. 문화는 원래 학습할 필요가 있고 심지어 베끼기도 하기 때문이

146

---

4 『후한서』「유영전」과 『위서』「석로지釋老志」 참조. 런지위任繼愈 선생은 불교의 중국 전래 시점을 전한 말기부터 후한 초기로 보는 것이 옳다고 보았다. 런지위 주편, 『중국불교사』 참조.
5 이 책의 관점과 다르게 많은 학자는 도교가 중국 본토에서 발생하고 성장한 종교로서 불교의 영향 없이 탄생했거나, 아니면 불교의 영향이 없었어도 탄생했을 것이라고 생각한다. 런지위 주편, 『중국불교사』와 칭시타이·탕다차오의 『도교사』 참조.
6 도홍경이 편찬한 『진고眞誥』 20권 안에는 불교의 『사십이장경四十二章經』을 베낀 내용이 들어 있다. 젠보짠의 『중국사강요』 참조.

다. 오히려 이상한 일은 도교가 불교를 그대로 따라했는데도 불구하고 후한 시대에 후자가 전자와 유사한 것으로 간주된 것이다. 물론 처음 시작된 도교, 즉 도교 전의 도교인 원시 도교로 간주되었다.

그런 불교는 부도도浮屠道라 불렸다.

부도도는 바로 외국의 황로도였으며 그것은 후한 시대 상류사회의 보편적인 견해였다. 그래서 초왕 유영과 훗날의 한 환제桓帝는 다 황로와 부도를 함께 떠받들었다. 그들의 궁 안에는 황로의 사당과 부도의 사당이 다 있었다.[7]

사실 그럴 만도 했다. 아직 종교를 접한 적이 없는 중국인은 기존의 지식에 따라 그 수입품을 이해할 수밖에 없었다. 예컨대 승려를 도인道人(도교의 성직자는 도사로 불렸음) 등으로 불렀다. 더구나 불교가 주장하는 사대개공四大皆空(세상의 모든 현상이 공허하다는 뜻)과 상락아정常樂我淨은 도교의 청정무위와 매우 흡사했다.[8]

하지만 차이도 매우 컸다.

도교의 목적은 신선이 되는 것이었는데 불교의 목적은 부처가 되는 것이었다. 신선과 부처는 다 신이 아니라 인간이다. 그래서 이 둘을 뜻하는 한자(선仙, 불佛)는 다 사람 인人 변을 갖고 있다. 이것은 도교와 불교의 공통점이면서 그것들이 다른 종교와 구별되는 핵심이다. 다시 말해 불교와 도교는 다 인본주의적이며 이것은 중국 문명의 정신에 부합했다(이중톈 중국사 3권 『창시자』 참조).

147

---

7 『후한서』 「유영전」 「양해전襄楷傳」과 『위서』 「석로지」 참조.
8 후한 사람은 불교가 맑고 깨끗한 도를 추구하고 무위를 숭상하며 살생을 금하는 동시에 욕망과 사치의 절제를 중시한다고 이해했다. 그것은 거의 도가철학이나 다름없었다. 『후한서』 「양해전」 참조.

그러나 신선과 부처는 크게 다르기도 하다.

신선의 특징은 죽지 않는 것이며 부처의 특징은 깨달음이다. 어떤 사람이 최고의 지혜를 깨닫기만 하면 바로 부처가 될 수 있다. 물론 엄격히 말하면 자각(자신의 깨달음), 각타覺他(타인을 깨닫게 하는 것), 각행覺行(깨달음의 과정과 행위가 원만한 것)을 다 이뤄야 부처다. 자각과 각타만 이뤘으면 보살Bodhisattva이고 오직 자신만 깨달았으면 나한羅漢, Arhat이다.

나한, 보살, 부처는 다 죽는 존재다. 석가모니는 80세에 죽었다. 하지만 그는 생전에 부처가 되었다. 그의 죽음은 열반nirvāna 또는 원적圓寂, Parinirvāna이라 불렸다.

이것은 일종의 완곡어법이다.

사실 죽음은 죽음이고, 원적은 원적이고, 열반은 열반이다. 원적의 본래 뜻은 '원만한 적멸寂滅'이다. 열반은 불교 수행의 최고 경지로서 산스크리트어에서의 본래 뜻은 바람에 흩어지고 불이 꺼지는 것이어서 결코 죽음이 아니다. 정반대로 생사, 시공, 희로애락과 일체의 경험을 초월한 상태다. 이런 상태는 말로 표현할 수 없어 부득이 열반이라고 부른다.

열반에는 네 가지 덕성이 있는데 이것이 바로 상락아정이다. 간단히 말하면 죽지도 살지도 않는 것이 상常이고, 영원히 고통이 없는 것이 낙樂이고, 본성이 변치 않는 것이 아我이고, 한 점 티끌에도 물들지 않는 것이 정淨이다. 확실히 불교의 목적은 사람을 신선으로 바꾸는 것이 아니라 사람의 정신 상태를 바꾸는 것이다. 정신상태가 바뀌면 적어도 나한이 된다.

나한과 신선은 전혀 다르다.

불교와 도교는 역시 전혀 달랐다.

목적만 다른 게 아니라 방법과 경로도 달랐다. 예를 들어 도교는 수일守一을, 불교는 선정禪定을 중시했는데 이 두 가지는 다 정신의 집중과 한결같음을 요구하여 겉으로는 비슷해 보이지만 실제로는 다르다. 수일은 정, 기, 신이 새고 확산되는 것을 방지해 불로장생을 보장한다. 하지만 선정은 정력을 집중해 특정 대상(연꽃이나 여러 부처들)을 관조함으로써 최고의 지혜를 얻는다.

확실히 수일은 양생이며 선정은 마음을 닦는 것이다.

그래서 불교는 정혜定慧(선정과 지혜)를 함께 운용하는 것을 중시했고 도교는 성명性命을 함께 닦는 것을 중시했다. 성性과 명命은 신神과 형形, 즉 정신과 신체다. 따라서 도교는 심신의 건강을 함께 추구했다.

이것은 당연히 훌륭한 사상이다.

선정은 선과 정을 합친 명칭이다. 선禪, Dhyāna은 본말이 선나禪那이고 고요한 생각을 뜻한다. 정定은 기다림이며 다시 말해 집중이다. 그리고 혜慧, Mati는 밝은 관찰이자 결단이다. 이 세 단어를 이어놓으면 고요히 생각하고(선) 정신을 집중해 탐구하고 나서(정) 미혹을 끊고 밝게 살핌으로써(혜) 불교에서 추구하는 반야般若를 얻는다는 것을 뜻한다.

반야Prajñā는 지혜, 혹은 지혜를 통해 열반의 피안에 도달하는 것이며 그래서 반야바라밀다般若波羅蜜多라고도 한다. 불교에서는, 생사는 미망의 세계로서 차안이며 열반은 해탈이고 피안이라고 생각한다. 차안에서 피안으로 가는 것은 바라밀다Pāramitā라고 한다. 그리고 차안에서 피안으로 가려면 지혜가 있어야 한다. 지智는 세상일을 인식할 수 있고 혜慧는 속세의 법칙을 깨달을 수 있는데 이 두 가지가 합쳐진 것이 반야다.

물론 반야는 속세의 평범한 사람이 가질 수 있는 것이 아니다.

사실 반야는 일반적인 의미의 지혜가 아니라 부처가 되는 데 필요한 특수한 인식이다. 최고의 지혜인 '무상정등정각無上正等正覺'을 얻은 이는 심지어 붓다 한 사람뿐이다. 그러나 부처가 못 되어도 나한이 될 수는 있다. 관건은 깨달음을 얻었는지, 그리고 끝없는 고해에서 해탈했는지에 있다.[9]

이 문제는 더 신중하게 논의할 필요가 있긴 하지만(이중톈 중국사 14권 참조) 불교와 도교의 차이는 매우 확연하다. 불교는 마음의 종교이고 도교는 생명의 종교라고 말해도 무방하다. 도교는 사람이 살면서 신선 같은 삶을 누릴 수 있기를 바라지만 불교는 영혼의 안정과 추구에 더 주목한다. 그래서 불교는 복식과 행기 같은 것은 중시하지 않는다.

확실히 지혜와 방술은 서로 무관하다.

종교에 필요한 것은 귀신 놀음이나 연금술이 아니다.

---

9 『대지도론大智度論』 85권의 "오직 부처 일인의 지혜를 일컬어 아누다라삼막삼보리(즉, 무상정등정각)라고 한다唯佛一人智慧名阿耨多羅三藐三菩提" 참조.

그래서 석가모니 본인도 샤머니즘에 반대했다. 그는 심지어 제자들이 주술을 행하면 계율을 어기는 것이라고 규정했다. 하지만 그의 후계자들은 그 규정을 엄격히 준수하지는 않았다. 소승불교와 대승불교 모두 부차적인 방식으로 주술을 남겨두었다. 브라만교와 결합한 밀교 같은 경우는 샤머니즘을 고도로 조직화하기도 했다.[10]

하지만 종교는 본질적으로 샤머니즘이 아니다. 그것이 계속 샤머니즘과 결탁해 분간하기 어렵다면 종교로 변할 필요가 없다. 그래서 종교는 순수할수록 샤머니즘과 거리가 멀다. 중국의 선종이 바로 그랬다. 설령 선종이 진정으로 순수한 종교가 아니고 철학일지라도 말이다.

사실 선종은 불교가 외래문화로서 중국화가 필요했기에 탄생했다. 유학화된 선종은 그 중국화의 세 번째 행보였고 현학화玄學化된 반야학은 두 번째 행보였으며 샤머니즘화된 부도도는 첫 번째 행보였다. 첫 번째 행보는 황당해 보이기는 해도 그것이 없었으면 불교는 중국에 뿌리를 내리는 것이 불가능했을 것이다.

물론 중국사의 이야기가 되는 것도 불가능했을 것이다.

그러면 그 첫 번째 행보를 살펴보기로 하자.

---

10 황신찬黃心川의 『인도불교철학』 참조. 이 글은 런지위 주편, 『중국불교사』 제1권의 부록에 있음.

벼락출세

"대화상大和尙이 오셨습니다!"

전례관典禮官이 소리 높여 외치자 제후와 귀족들이 모두 자리에서 일어났다. 그들의 황제도 마찬가지였다.

의심의 여지없이 그것은 한 사람에 대한 존경의 표시였다.

그 사람은 바로 불도징佛圖澄이었다.[11]

불도징은 후조 불교계의 우두머리였다. '대화상'은 후조의 황제 석륵이 그에게 내린 존호로서 '위대한 스승'이라는 뜻이었다.[12]

그는 승려로서 가장 존귀한 지위를 얻었다.

그런데 아이러니하게도 그는 불학의 조예가 아니라 도교의 방술에 의지해 그런 지위를 얻었다.

불도징은 서역의 구자龜玆 지역 사람으로 인도인이었을 것이다. 그는 9살에 출가해 불경을 배웠고 중원에 들어오기 전에는 돈황敦煌에 머물

---

11 이하 불도징의 사적은 모두 『진서』 「불도징전」에 나오며 『위서』 「석로지」, 『고승전』 「불도징전」, 『세설신어』 「언어言語 45」와 유효표주劉孝標注의 『징별전澄別傳』 인용, 런지위 주편의 『중국불교사』 제2권, 『중국대백과전서: 종교』의 불도징 항목 참조.

12 '和尙'은 산스크리트어 '우파태야'의 부정확한 음역이며 '和上'이라고도 쓴다. '上'과 '尙'은 모두 숭고한 의미가 있어서 '和尙'은 의역이기도 하다. 우파태야는 본래 인도에서 '스승'의 속칭이었으며 중국 불교경전에서는 보통 교단의 어른에 대한 존칭으로 쓰였다가 나중에 승려에 대한 통칭으로 바뀌었다.

렀다. 서진 회제 영가永嘉 4년(310), 그는 낙양에 도착해 불교를 전파했
지만 서진 멸망 전의 병란을 만나 어쩔 수 없이 석륵의 한 부하 장수
집에 숨어 있었다.

어느 날, 석륵이 그 부하 장수를 불러 말했다.

"너는 그리 뛰어난 지략도 없고 기이한 술수도 없는데 요즘 전장에
나가 싸울 때마다 그 결과를 알아맞히는구나. 어떻게 된 일인지 솔직
히 고하거라."

부하 장수는 답했다.

"제가 아니라 어떤 사문沙門이 알아맞히는 겁니다."

사문Sramana은 불교의 승려를 말한다.

부하 장수는 또 말했다.

"그 사문은 장군이 천하를 얻을 것이라고 했습니다."

그래서 석륵은 불도징을 불러 만났다.

당시 불도징은 자신이 벌써 백 살이 넘었으며 먹지 않고 호흡만으로
살아간다고 말했다. 소문에 따르면 그의 배에는 작은 구멍이 있고 평
상시에는 솜으로 막아놓는다고 했다. 그러다가 밤에 책을 읽을 때 그
솜을 빼면 구멍에서 밝은 빛이 비쳐 방 안 전체를 환히 밝힌다는 것이
었다.

이런 인물이 어떻게 승려였겠는가. 틀림없이 도사나 샤먼에 더 가까
웠다.

석륵은 승려든 도사든 상관없었다. 그에게 중요한 것은 그 사문이 자신에게 어떤 좋은 일을 가져다줄 수 있느냐는 것이었다. 그래서 그는 물었다.

"불도는 무슨 영험함이 있소?"

불도징은 그 무식한 갈인에게 반야나 지혜 같은 것을 얘기해줘봤자 아무 소용이 없다는 것을 잘 알고 있었다. 그는 맑은 물 한 대야를 가져오게 한 뒤 향을 사르며 주문을 외웠다. 그러자 순식간에 물속에서 눈부시게 빛나는 연꽃이 자라났다.

사람들은 모두 크게 탄복했다.

사실 그것은 아마도 마술이었을 것이다. 당시 많은 승려와 도사가 그처럼 마술을 부릴 줄 알았다. 후한 말년에 좌자라는 도사가 조조 앞에서 아무것도 없는 놋대야에서 오송강吳凇江의 농어를 낚아 올린 적이 있었다. 또 한 번은 술 한 병, 포 한 장으로 백 명이 넘는 사대부들을 배불리 먹이고 취하게 했는데, 알고 보니 그때 저잣거리에 있는 술집에서 술과 고기가 전부 감쪽같이 사라졌다고 한다.

하지만 안타깝게도 조조는 요망한 일을 믿지 않아 그를 죽이기로 결심했다.

좌자는 조조의 마음을 꿰뚫어보고 즉시 벽을 뚫고 밖으로 도망쳤다. 그런데 거리의 사람들이 전부 좌자의 모습으로 변해버려 조조의 병사들은 손을 쓸 수가 없었다. 나중에 붙잡혀온 좌자는 이번에는 양떼 사이로 도망쳐 양으로 변신했다.

조조는 어쩔 수 없이 말했다.

"너를 죽이지 않겠다. 그저 너의 도술을 시험해본 것일 뿐이다."

그러자 늙은 숫양 한 마리가 앞발을 들고 사람처럼 일어서서 말했다.

"구태여 그럴 필요가 있었나!"

그 말이 떨어지자마자 수백 마리의 양들이 전부 늙은 숫양으로 변해 역시 앞발을 들고 일어서서 말했다.

"구태여 그럴 필요가 있었나! 구태여 그럴 필요가 있었나!"

조조는 끝내 좌자를 못 죽였다.[13]

마찬가지로 석륵도 불도징을 죽이지 못했다.

석륵이 갑자기 살심을 품은 것은 결코 이상한 일이 아니었다. 어쨌든 통치자는 다른 사람이 자신의 속사정을 아는 것을 원치 않는데 불도징은 귀신같은 예지력을 갖고 있었다. 물론 그때도 마찬가지였다. 석륵이 그를 죽여야겠다고 생각하자마자 불도징은 뺑소니를 쳤다. 석륵을 더 놀라게 한 것은, 그가 후회하고 그 승려를 보고 싶어 할 때, 자취를 감췄던 그가 다시 빙그레 웃으며 나타난 것이었다.

석륵이 물었다.

"어제 저녁에 왜 밖에 나가셨소?"

불도징이 답했다.

"장군이 악의를 가지셨기 때문이지요."

---

13 『후한서』 「방술전」 「좌자전」 참조.

석륵이 또 물었다.

"그러면 오늘은 또 왜 오셨소?"

불도징이 답했다.

"장군이 생각을 바꾸셨기 때문이지요."

석륵이 껄껄 웃으며 말했다.

"도인은 참 말도 청산유수로구려!"

그렇다. 이때 불도징의 호칭은 '도인'이었다.

불도징이 신임을 얻은 것은 그가 석륵을 도와 공을 세운 뒤였다. 그 일들은 예외 없이 신기한 이야기들이다. 예를 들어 그는 사원의 방울 소리를 듣고서 어떤 적장들이 필히 패할 것인지 예견하기도 했고, 손바닥에 바른 참기름에서 전조의 황제가 포획되는 것을 보기도 했다. 그랬으니 석륵이 그를 신임하지 않을 수 없었다. 하지만 더 주된 이유는, 똑똑한 석륵이 그 승려가 자신이 황제가 되는 데 큰 도움이 될 수 있다는 것을 깨달았기 때문일 것이다.

황제의 자리에 오른 뒤, 석륵은 불도징을 '대화상'으로 떠받들었다.

지금 돌아보면 불도징이 군막 안에서 전략을 세우는 데 참여할 수 있었던 것은 정말로 신통력이 있었기 때문이 아니라, 견식이 넓고 세상 일에 밝았으며 제자들이 많아 소식이 빨랐을 뿐더러 필요할 때는 교활한 술수도 잘 썼기 때문이다. 그래서 그의 건의와 판단이 신묘하게 보였을 것이다. 결국 석륵과 그의 후계자 석호는 모두 그를 마음속으로 156

따르고 깊이 신뢰하게 되었다.

안타깝게도 세상에 늘 잘 나가기만 하는 사람이 없는 것처럼 갈인의 정권도 모진 운명을 맞이했다. 343년, 동진이 출병해 압박을 해왔고 전량과의 전쟁은 전세가 불리했다. 후조는 연이은 좌절로 인심이 불안해졌으며 석호도 원망과 분노가 가득했다. 그는 성이 나서 말했다.

"부처를 모시고 승려에게 재물을 바치는데도 외적이 쳐들어오니 부처가 무슨 소용인가?"

하지만 불도징은 자신만의 견해가 있었다.

그 견해는 윤회에서 비롯되었다. 그는 이렇게 말했다.

"폐하는 전생에 대상인이셨는데 일찍이 나한 60명을 공양하여 금생에 중원에서 태어나 황제가 되신 겁니다. 이것은 선행에 대한 보상인데 왜 원망하시는 겁니까?"

이 말을 듣고 석호는 분노가 기쁨으로 바뀌어 무릎을 꿇고 불도징에게 감사를 표했다.

하지만 석호에게는 또 의문이 있었다. 언젠가 그가 물었다.

"불법은 무엇이오?"

"죽이지 않는 겁니다."

"짐은 천하의 주인인데 어찌 죽이지 않을 수 있단 말이오?"

불도징은 말했다.

157 　"죽여야 할 자는 당연히 죽여야 합니다. 중요한 것은 살심을 가져서

는 안 되는 것이며 무고한 사람을 마구 죽이는 것은 더더욱 안 됩니다. 폐하가 마음속에 자비를 갖기만 하면 복이 계속 이어질 겁니다. 온갖 죄를 저질러 죽어 마땅한 자를 몇 명 죽이는 것은 문제가 안 됩니다."

석호는 매우 만족했다.[14]

사실 불도징의 견해는 문제가 컸다. 대체 어떤 이들이 죽어 마땅할까? 이 세상에서 어떤 이들은 죽여서는 안 되는 반면, 어떤 이들은 죽어 마땅하고 죽여도 된다고 하면, 죽이지 않는 것이 불법이라는 주장이 무슨 의미가 있겠는가?

하지만 불도징은 이런 문제에 얽매일 리 없었고 문제의 답을 알았어도 지금 우리에게 알려줄 수 없다. 그에게 중요한 것은 석호를 불교 편으로 만드는 것이었다. 그가 단지 제자의 허울만 쓰고 자비의 마음 같은 것은 눈곱만큼도 없었을지라도 말이다.

그것이 매우 중요하다는 것은 사실이 증명해주었다. 나중에 석호는 승려가 너무 많고 그들의 자질이 일정치 않다는 것을 감안해 관련 부서에 정리를 하라는 조서를 내렸다. 이 기회를 틈타 몇몇 사람이 불교를 전면 금지하자고 제안했지만 석호는 이렇게 묵살했다.

"조나라 백성은 믿음의 자유가 있다. 한족을 비롯해 누구라도 부처를 믿을 수 있다."[15]

최고 당국자의 적극적인 지지를 얻어 불도징의 사업은 나날이 발전했고 불교도 요원의 불길처럼 빠르게 전파되었다. 후조의 짧은 수십 년 158

---

14 『고승전』 「불도징전」 참조.
15 『진서』 「불도징전」 참조.

동안 무려 893곳의 사원이 세워졌다. 그것은 불교가 중국에 전래된 후로 가장 높은 수치였다.

불도징은 성공했다.

더 중요한 것은 그가 불교의 생태환경을 바꾼 것이었다. 과거에 불교의 경전 번역과 사원 건립과 선교 활동은 주로 민간의 신도들에게 의존했고 여기에 지역 유지와 지식인의 도움이 더해졌다. 그런데 불도징이 최고 통치자로 하여금 불교를 국가 공권력의 보호 아래 두게 하여 황권을 이용해 교권을 얻은 것이다.

그것은 중국 불교사에서 처음 있는 일이었다.[16]

그래서 불도징은 시대에 획을 그은 인물이 되었다. 그의 역사적 지위는 아마도 로마 황제 테오도시우스 1세를 무릎 꿇려 참회하게 만든 밀라노의 대주교 정도가 비견될 수 있을 것이다(이중톈 중국사 9권 『두 한나라와 두 로마』 참조). 더욱이 불도징의 성공은 그 전에는 예가 없었으나 그 후에는 그렇지 않았다. 그의 시대부터 청나라에 이르기까지 끊임없이 승려들이 궁정에 들어갔고 고승의 정치 참여가 전통이 되기까지 했다. 방술로 간주되던 불교가 마침내 벼락출세를 한 것이다.

---

16 런지위 주편, 『중국불교사』 제2권 참조.

한 걸음씩 나아가다

그와 동시에 도교도 발전을 이루었다.

불교가 외국에서 중국으로 갔다면 도교는 하층계급에서 상층계급으로 갔다. 후한 순제 시기(125~144)에 우길于吉이 『태평청령서太平淸領書』를 썼을 때부터 북위 태무제가 태평진군(440)으로 연호를 바꾸고 친히 도단道壇에 올라 부록을 받을 때(442)까지 그 300년은 기나긴 여정이었다.

끝도 없는 그 길을 도교는 꾸준히 한 걸음씩 나아갔다.

사실 불교의 중국화가 세 번의 행보를 거친 것처럼 도교의 합법화도 세 단계를 거쳤다. 첫 단계는 민간 도교로서 바로 천사도와 태평도였다. 이 두 가지는 도교 발생의 지표로 간주되기는 하지만 실상은 '유사 종교' 혹은 '준惟 종교'일 뿐이었고 더구나 기층, 심지어 지하의 민중에게 속했다.[17]

---

17 태평도의 창설 시기에 관해서는 두 가지 견해가 있다. 하나는 우길이 지은 『태평청령서』, 즉 『태평경』의 출현을 기준으로 삼아 순제 시기로 봐야 한다는 것이고 다른 하나는 장각의 포교를 기준으로 삼아 영제 시기로 봐야 한다는 것이다. 런지위 주편, 『중국불교사』와 칭시타이·탕다차오의 『도교사』, 『중국대백과전서: 종교』 참조.

그래서 천사도와 태평도는 합법적인 지위가 없었을 뿐더러 단속과 탄압을 받았다. 특히 태평도가 황건적으로 변한 이후로 더 그랬다.

손은의 조직도 마찬가지였다.

그나마 다행히도 수장이었던 장노張魯가 조조에게 투항한 덕분에 천사도는 액운을 피해 전파될 수 있었다. 더 다행이었던 것은 천사도가 일부 위진 명사들의 주목과 환영을 받은 것이었다. 여러 고위급 사족이 도교에 가입했고 심지어 대를 이어 도교를 신봉하는 가문도 나타났다. 왕희지, 갈홍葛洪, 도홍경陶弘景의 가문이 그랬다. 수장과 주요 세력이 방사에서 명사로 바뀌면서 도교는 두 번째 단계로 올라섰다. 민간 도교가 사족 도교로 바뀐 것이다.[18]

사족 도교는 민간 도교의 업그레이드판이었으며 사족계급의 사치품이자 마취제이기도 했다. 사실 문벌제도와 혼란한 정치 때문에 사족은 계급으로서는 법적인 특권을 누리며 안일하고 사치스러운 삶을 영위했지만 개인으로서는 자신의 운명을 마음대로 하지 못했다. 특히나 언제 하늘에서 화가 머리 위로 떨어질지 아무도 모르는 것이 가장 무서웠다.

한가한 나날을 잘 보내고 고귀한 신분을 과시해야 했기에 청담清談이 생겨났다(이중톈 중국사 11권 『위진풍도』 참조). 불안한 영혼을 위로하고 공허한 정신을 기댈 데가 있어야 했기에 도교가 유행했다.

161   그러면 왜 불교가 아니라 도교였을까?

---

18 칭시타이·탕다차오의 『도교사』 참조.

왜냐하면 동진 이후 양쯔강 하류의 동남부 지역에 안착한 사족들이 관심을 두었던 것은 더 이상 국가의 흥망과 민족의 성쇠가 아니라 기득권과 개인의 안위였기 때문이다. 그들은 중생을 널리 제도하고 싶어 하지 않고 단지 자신의 건강과 장수만을 바랐다. 그래서 도가 학파 중에서 양주楊朱가 주장한 급시행락及時行樂(시기를 놓치지 않고 그때그때 삶의 즐거움을 누린다는 뜻), 장자가 주장한 소요자재逍遙自在(시공간이나 사물에 구속되지 않고 자유로움을 누린다는 뜻) 그리고 도교에서 선양한 복식, 행기, 양생, 신선술이 전부 사족들에게 채택되어 사랑을 받았다.

더군다나 불교는 오랑캐의 것이고 도교는 한족의 것이었다.

그래서 도교의 사족화와 불교의 현학화가 동시에 이뤄지기는 했지만(모두 동진 때 완성되었다) 사족화된 도교는 현학으로 변하지 않았다. 현학으로 변한 것은 불교의 반야학이었다. 다시 말해 불교에 대해 명사들이 더 주목한 것은 의리義理, 즉 철학적 의미와 사변의 정신이었다. 그러나 도교에 대한 그들의 태도는 전혀 달라서 매우 실용주의적이었다.

요컨대 청담에는 불교가, 신선술에는 도교가 관련되었다.

그래서 동진에서는 승려가 현학을 논하고 명사가 단약을 만들었다. 왕희지 같은 사람은 현학도 논하고 단약도 만들었다. 물론 민간 도교는 의문의 여지없이 사이비로 간주되어 명사들의 중시를 받지 못했다.

이때부터 도교는 양 극단으로 분화되기 시작했다. 지하로 숨어든 민간 도교는 계속 통속적인 형식으로 전파되었고 심지어 그 안에서 비밀

조직이 나와 농민 반란의 기치와 구심점이 되기도 했다. 반면 상층 사회로 침투한 사족 도교는 서재와 도관에서 궁정까지 들어가 마지막에는 황가皇家 도교로 변했다.

그것이 세 번째 단계다.

황가 도교의 탄생은 필연적이었다. 사실 황제의 후원이 없으면 어떤 종교도 합법성을 갖는 것이 불가능했다. 그래서 도교도 자신을 황권의 날개 아래에 두고 최고 권력의 도움을 받아 생존과 발전을 도모해야 했다. 다만 그들이 그 한 걸음을 내디딘 것은 불교보다 거의 백 년 가까이 늦었다. 하지만 도교 역시 북방 소수민족의 정권에 의지했고 그들에게도 불도징 같은 인물이 있었다.

도교의 불도징은 구겸지寇謙之였다.

구겸지는 북위 상곡上谷 창평昌平(지금의 베이징 창핑) 사람으로 조상이 명문가인데도 어려서부터 신선의 도에 심취했다. 안타깝게도 이 신선 후보자는 열정이 넘치고 태도가 성실했는데도 불구하고 오래 약을 먹고 연마를 해도 거듭 실패만 하다가 우연히 한 고인을 만났다.

고인의 이름은 성공흥成公興이었다.

성공흥은 구겸지에게 물었다.

"선생은 도를 배울 뜻이 있어 보이는데 은거를 할 수 있겠소?"

"당연히 그럴 수 있습니다."

163 구겸지는 성공흥을 따라 화산華山의 어느 밀실에 가서 그가 주는 약

을 먹었고 그때부터 허기를 못 느끼게 되었다. 그러나 이어서 숭산嵩山의 밀실에 가서 두 번째 약을 받았을 때, 그는 놀라서 줄행랑을 쳤다.

그 약은 독충과 몇 가지 구역질나는 것들이었다.

성공흥은 탄식을 하며 말했다.

"보아하니 선생은 신선이 될 인연이 없는 것 같구려. 하지만 나라를 안정시키고 제왕의 스승이 될 수는 있겠소."

당시 구겸지가 무슨 생각을 했는지는 알 길이 없다. 단지 알려진 것은 그 후 어느 날, 성공흥이 세 번째 밀실에서 죽고 이튿날 부활한 뒤 숭산으로 마중을 나온 두 선동仙童과 함께 사라졌다는 사실이다. 알고 보니 성공흥은 본래 신선이었는데 잘못을 저질러 속세에 귀양을 왔다가 기한이 되어 하늘로 돌아간 것이었다.

신선도 잘못을 저지른다니 참으로 놀라운 일이다.

구겸지는 성공흥이 '우화등선'한 뒤에도 계속 숭산에 머물다가 태상노군太上老君과 그의 현손玄孫(손자의 손자)을 만났다. 그 두 신선은 구겸지에게 도교의 비급과 각종 방술을 전하고 그에게 '천사天師'의 직책과, 사방 만 리에 있는 사람과 귀신을 다스릴 권한을 내렸다. 그리고 그에게 두 가지 신성한 사명도 주었는데, 그것은 도교를 바로잡고 북방의 태평진군을 보좌하라는 것이었다.

확실히 이것은 무협소설에나 나오는 이야기지만 놀랍게도 정식으로 사서에 분명하게 기록되었다. 태상노군이 속세에 내려온 것은 북위 신서神瑞 2년(415) 10월 22일이고 그의 현손이 숭산에 강림한 것은 태상泰常 8년(423) 10월 5일이라고 했다.[19]

날조의 수준이 이 정도면 실로 탄복하지 않을 수 없다.

사실 그 두 날짜는 실제로 존재했겠지만 구겸지가 일의 준비를 마친 시점에 지나지 않았을 것이다. 물론 그 두 가지 사명도 그가 스스로 자신에게 부여한 것이었다. 하지만 그것은 곧 구겸지의 뛰어난 점이기도 했다. 그는 자신이 해야 할 일이 무엇인지, 또 도교가 어떤 방향으로 나아가야 하는지 잘 알고 있었다. 그것은 그가 300년 가까운 천사도의 역사와 현재의 상황을 깊이 성찰한 결과였다.

그러면 당시 도교의 문제는 무엇이었을까?

저속하고, 혼란스럽고, 정권에 해로운 것이었다. 예를 들면 방중술을 수련한다는 명목으로 음란한 짓을 했고, 사람들에게 부록을 준다는 명목으로 재산을 갈취했고, 종교 활동을 한다는 명목으로 유언비어를 퍼뜨리고 사람들을 모아 소동을 일으켰다. 이로 인해 사대부들에게 멸시를 당하고 통치자의 비위를 거슬러 도교는 조만간 금지와 탄압을 받을 운명이었다.

종교개혁이 꼭 필요했다.

폐단의 제거(방중술의 폐지, 위서僞書의 청산)와 제도 혁신(재계의 본보기와 계율에 대한 수정)부터 조직의 정비(교단 지위의 부자 상속 같은 폐습의 개혁)에 이르기까지 개혁은 전방위적으로 수행되었다. 하지만 가장 중요했던

165

---

19 위의 내용은 『위서』 「석로지」 참조.

것은 단호히 국가 정권을 옹호하는 한편, 대중을 미혹하고 모반을 저지르는 행위를 엄금한 것이었다.

개혁 후의 도교는 신新천사도 혹은 북北천사도라 불렸다. 그것의 핵심 가치는 사실 유가가 주장한 삼강오상三綱五常이었다. 그리고 종교의 형식은 불교를 대대적으로 모방했는데 제단을 세우고, 공덕을 쌓고, 경문을 낭송하고, 계율을 지키는 것 등이었다. 심지어 육도윤회六道輪回를 선양하기까지 했다. 결국 개혁의 목표는 사실상 두 가지, 유교를 겸하고 불교를 끌어들이는 것이었다.[20]

도교는 여기저기에서 벤치마킹을 했다.

이렇게 대국을 고려해 스스로를 개조했으니 통치자의 환심과 사대부의 동의를 얻는 게 당연했다. 424년 또는 425년, 다시 말해 유의륭이 송 문제가 된 그해 혹은 그 이듬해에 구겸지는 북위의 수도 평성에 천사도의 도량을 설립했다. 그리고 16년 뒤, 태무제는 연호를 태평진군으로 바꿨고 또 2년 뒤에는 친히 도단에 올라 부록을 받는 한편, 그것을 새 황제가 즉위할 때마다 반드시 거행해야 하는 의식으로 삼았다.[21]

도교는 정식으로 북위의 국교가 되었다.

구겸지는 북위의 국사國師가 되었다.

그때는 불도징이 대화상으로 존경받던 때로부터 거의 백 년이 지난 시점이었다. 일찍이 중국의 북방에서 한 시대를 풍미한 불교는 당시에 또 어떤 상황이었을까?

---

20 판원란의 『중국통사』, 칭시타이·탕다차오의 『도교사』, 『중국대백과전서: 종교』의 구겸지 항목 참조.

21 『위서』의 「세조기世祖紀」 「석로지」와 『자치통감』 124권 참조. 구겸지가 천사도의 도량을 세운 시점에 대해서는 런지위 주편, 『종교사전』에서는 424년이라 하고 칭시타이·탕다차오의 『도교사』와 『중국대백과전서: 종교』 구겸지 항목에서는 425년이라 하며 『자치통감』에는 기록이 없다.

태무제와 양 무제

불교는 큰 재난에 직면했다.

446년, 태무제 탁발도가 친히 도단에 올라 부록을 받은 지 4년 뒤인 그해에 그는 전국적으로 불교를 금하라는 명을 내렸다. 태무제의 명령은 명확했다. 사원과 불상을 다 부수고, 불경을 다 불사르고, 승려도 나이를 막론하고 다 죽이라고 했다. 게다가 군대를 이끌고 수도를 나와 반란을 평정했던 태무제는 장안에서 먼저 그 끔찍한 일을 행했다.

다행히도 평성을 지키던 황태자 탁발황은 생각이 달랐다. 그는 한편으로 부황에게 편지를 올려 불가함을 역설하면서 다른 한편으로 일부러 정보를 흘려 각지의 승려들이 불경과 불상을 갖고 몸을 숨기게 했다. 하지만 숨을 방도가 없는 사원들은 하루아침에 파괴되었고 황태자 본인도 무거운 대가를 치러야 했다. 하지만 그가 암암리에 보호해주지 않았다면 불교는 치명적인 타격을 입었을 것이다.

그것은 중국 불교 역사상 최초의 대법난大法難이었다.

그 법난을 야기한 원인은 여러 가지였다. 근본적인 원인은 나중에 이 야기하기로 하고 직접적인 원인은 두 가지였다. 하나는 태무제가 장안 의 어떤 사원에서 무기와 재물, 술을 마시는 집기와 여자를 발견했기 때문이었고, 또 하나는 그의 옆에서 누가 부추겼기 때문이었다.[22]

태무제를 부추긴 사람은 최호였다.

최호는 탁발도의 총신이자 구겸지의 친우였다. 당시 구겸지는 날조 한 신화와 경전을 갖고 평성에 갔는데 뜻밖에 당국은 그리 호락호락하 게 속아주지 않았다. 태무제는 그에게 숙식만 제공해주었으며 조정의 관리들도 반신반의했다. 최호가 없었으면 구겸지는 틀림없이 아무 일 도 이루지 못했을 것이다.

그러면 최호는 왜 구겸지를 도우려 했을까?

뜻이 맞았거나, 혹은 이해관계가 맞았기 때문이다.

명문가 출신의 최호는 전통적인 화하華夏문명의 옹호자였고 그의 이 상은 선비족과 탁발부 정권을 완전히 한화시키는 것이었다(이 책 제2장 참조). 그래서 최호는 불교라는 외래 종교에 대해 반감이 컸다. 그가 떠 받들려 했던 것은 유가학설이었다. 비록 그 유학은 이미 순수하지 않 았지만 말이다.

이에 대해 구겸지는 깊은 이해와 동정을 표했다.

그것도 이상한 일이 아니었다. 사실 어떤 의미에서 신천사도는 도교 **168**

22 『위서』, 「석로지」, 『자치통감』 124권, 런지위 주편, 『중국불교사』, 『중국대백과전서: 종교』 참조.

의 외피를 뒤집어쓴 신유학이었고 구겸지의 종교개혁은 도교의 유학화였다. 그는 심지어 최호에게 겸허히 가르침을 청했다.

"태상노군이 제게 부여한 사명은 태평진군을 보좌해 영원한 전통을 계승하라는 것이었습니다. 그래서 제게 유교를 겸하게 했습니다. 하지만 안타깝게도 저는 재주가 미천하고 견문이 좁으니 많은 가르침을 주시기를 청합니다!"

그래서 최호는 구겸지가 유학을 더 잘 이해하도록 도왔다.

구겸지는 최호에게 양생의 비방을 전수했다.[23]

서로 이익을 주고받을 수 있음을 확인한 뒤, 최호는 태무제 앞에서 구겸지를 추어올렸다. 그때 최호가 길게 늘어놓은 말을 보면 사실 요점은 딱 하나였다.

"구겸지처럼 고매한 은거 도사가 청하지도 않았는데 알아서 찾아온 것은 폐하가 받은 천명이 옛날의 황제黃帝에 못지않음을 증명해줍니다."

이런 말을 듣고 태무제가 어떻게 마음이 움직이지 않을 수 있었겠는가?

구겸지의 성공은 최호의 공을 빼고는 설명할 수 없다.

하지만 최호가 불교를 탄압하려 했을 때 구겸지는 찬성하지 않았다. 물론 도교와 불교는 의견의 대립과 이익의 충돌이 있기는 했다. 하지만 그것은 입씨름이었을 뿐 본격적인 싸움은 아니었다. 상대를 몰살시키려는 일을 석가모니든 태상노군이든 지지할 리가 없었다. 그래서 구겸

169

---

23 『위서』「최호전」 참조.

지는 최호에게 말했다.

"당신이 그렇게 불상을 훼손하고 사람을 죽인다면 화가 온 가문에 미칠 겁니다!"[24]

나중에 최호는 과연 멸족을 당했다.

불교는 잿더미 속에서 다시 일어났다. 태무제가 죽고 그 뒤를 이은 문성제는 불법을 부흥시키라고 조칙을 내리는 한편, 불교를 탄압한 책임을 관련 부서가 선제의 의도를 잘못 읽은 탓으로 돌렸다. 그래서 전 황태자 탁발황의 은밀한 도움으로 자취를 감췄던 불상과 불경과 승려들은 모두 다시 햇빛을 보게 되었다. 그 후로 불교는 두 번째 대법난(이 책 제5장 참조)을 당할 때까지 다시 흥성했다.

두 번째 대법난은 574년에 발생했다. 그 사이의 135년 동안 불교는 줄곧 북방의 통치자들에게 숭배를 받았다. 섭정을 했던 북위의 한 태후는 사원을 세우고 예불을 했을 뿐만 아니라 권력투쟁에서 패한 뒤에는 머리를 깎고 비구니가 되려 했다. 하지만 안타깝게도 그녀는 석가모니의 보우를 받지 못하여, 분노한 쿠데타의 수괴에 의해 황허강에 던져졌다.[25]

하지만 그 태후가 새 도읍 낙양에 세운 영녕사永寧寺는 북위 불교 번영의 상징이었다. 당시 낙양에 가람伽藍, Saṅghārāma이라 불리는 불교 사원이 1000여 곳이나 됐는데 영녕사는 틀림없이 제일 장관인 사원 중 하나였다. 그 금빛 찬란한 외관을 보고서 중국 선종의 시조인 달마達摩 **170**

24 『위서』 「석로지」 참조.
25 『위서』 「선무령황후호씨전宣武靈皇后胡氏傳」 참조.

조차 며칠이나 경의를 표하며 합장하지 않을 수 없었다고 한다.

사월초파일의 석가탄신일에는 더 전례 없는 성황을 이뤘다. 깃발이 숲처럼 세워지고, 보개가 구름을 이루고, 흩날리는 금박지가 햇빛 아래 반짝이고, 범악梵樂과 독경 소리가 하늘까지 울려 퍼졌다. 낙양은 그야 말로 불국佛國의 수도였다.[26]

사실 태무제가 불교를 탄압한 지 몇 년 만에 수도 평성의 서쪽 교외에서 운강雲岡석굴의 착공이 시작되었다. 그 후로 백여 년에 걸쳐 10만 개가 넘는 불상이 조각되었으며 가장 큰 것은 높이가 20미터가 넘었다. 낙양 천도 후에는 또 성 남쪽에서 용문龍門석굴이 착공되어 400년 넘게 공사가 이어졌다. 여기에 전진前秦이 착공한 돈황석굴 등까지 감안하면 부처의 그 자상한 얼굴과 눈빛이 없는 데가 없었다고 말할 수 있다.

북조의 그 많은 석굴은 남조의 480곳에 달하는 사원에 비견될 만했다.[27]

하지만 불교가 최고의 예우와 숭배를 받은 것은 태무제의 불교 탄압이 있은 지 81년 뒤였다. 그해(527)에 남조의 한 황제는 건강의 어느 사원에 가서 황포를 벗고 가사를 입은 뒤 보통 신도의 신분으로 사원 안에서 잡일을 하고, 경문을 읽고, 불학을 공부했다. 교회 안에서 흰 옷을 입고 무릎을 꿇었던 테오도시우스 1세와 완전히 똑같았다(이중톈 중 국사 9권 『두 한나라와 두 로마』 참조). 단지 그 로마 황제는 참회를 하려 했고

---

26 양현지楊衒之의 『낙양가람기洛陽伽藍記』와 가와모토 요시아키의 『중화의 붕괴와 확대: 위진남 북조』 참조.

27 남북조 시대 북방의 불교 석굴은 20여 곳에 이르며 각각 동굴이 수십 개인 곳도 있고, 백 개가 넘는 곳도 있고, 천 개가 넘는 곳도 있다. 비교적 유명한 곳으로는 극자이克孜爾 석굴, 맥적산 석굴 등이 있다.

이 중국 황제는 사신捨身을 하려 한 것이 달랐을 따름이다.

　사신은 사원에서 속세를 버리고 석가모니를 모시는 행위를 뜻한다.

　스스로 원해 사신을 한 사람은 양 무제였고 그 사원은 동태사同泰寺였다. 동태사의 유적 위에 지금 있는 명대의 계명사鷄鳴寺가 지어졌다. 양 무제는 모두 네 차례 사신을 했는데 당연히 그때마다 신하들이 사원에 1억의 보상금을 지불하고 그를 데려왔다. 다시 말해 양 무제는 동태사에서 네 번 사신을 하면서 그 사원을 위해 4억의 국가 기부금을 모집해준 것이다.[28]

　그는 실로 불교의 최대 서포터였다.

　양 무제는 득의양양해서 심지어 스스로 '황제 보살'이라 자처했다. 하지만 달마는 코웃음을 쳤고 그가 공덕이 전무하다고 생각했다(이중톈 중국사 14권 참조). 왜냐하면 그 기부금은 결코 그 개인의 돈이 아니라 전부 백성의 고혈이었기 때문이다.[29]

　더구나 불교에 대한 양 무제의 열광적인 지원은 이미 국가 재정과 민생에 심각한 영향을 끼치고 있었다. 생각해보라. 당시의 정책에 따라 사원은 무상으로 토지를 받았으며 승려는 세금을 낼 필요가 없었다. 그 결과, 어느 관원이 말했듯이 세상 호구戶口의 반을 잃고 말았다. 그런 추세가 계속되면 곳곳에 사원이 들어서고 집집마다 머리를 깎을 테니 국가에 속한 땅과 사람이 한 뼘, 한 명이라도 남을 리가 없었다.[30]

　양 무제도 이 점을 몰랐던 것이 아니다. 그가 택한 방법은 소승불교

172

28 양 무제가 동태사에서 사신을 한 횟수를 『양서』 「무제기」에서는 3회, 『남사』 「양본기중」과 『건강실록』에서는 4회로 적고 있다. 그 연도는 527년, 529년, 546년, 547년이다.

29 양 무제는 신하들에게 자신을 황제 보살이라 부르라고 요구했다. 『위서』 「소연전」 참조.

30 『남사』 「곽조심전郭祖深傳」 참조.

가 고기를 먹어도 된다고 한 규정을 폐지하고 본인이 솔선수범해가며 백성들에게 술과 고기를 금한 것이었다. 하지만 이 가짜 자비는 문제를 해결하지 못했다. 하물며 양 무제의 채식은 저렴하지도 않았다.[31]

실제로 불교가 도교와 동시에 탄압당한 것을 포함하여 여러 차례 탄압을 당한 이유 중 하나가 바로 이것이었다. 어느 정권도 자신들의 노동력과 전투력이, 아무 짝에도 쓸모없는 수도자로 몽땅 바뀌는 것을 원치 않았다.

통치자들은 종교의 규모를 통제하는 것을 고려해야만 했다.

경제적인 이유 외에 정치적인 이유도 있었다. 사실 종교가 정치에 과도하게 개입하면 통치자들은 경계하고 대비해야만 한다. 이와 관련해 그들이 마음을 놓을 수 있는 것은 유학밖에 없었다. 유가의 가르침에 따르면 사람은 집에서는 효자이고 밖에 나가면 충신이니 이런 이들을 누가 좋아하지 않겠는가?

안타깝게도 유학은 종교가 아니어서 치세에만 맞고 난세에는 맞지 않았다. 난세에는 질서도 없고, 권위도 없고, 희망도 없어서 의지할 수 있는 것은 신밖에 없었다. 그래서 통치자는 귀신의 권위를 빌리려 했고 반란자들은 초자연적인 힘으로 스스로를 가장했으며 민초들은 구세주가 오기를 염원했다. 그래서 불법이 크게 행해지고 도교가 크게 흥한 것이다.

173   남은 일은 선택이었다.

---

31 양 무제 이전까지 중국의 불교도는 흔히 소승불교의 『십송률十誦律』에 있는 규정에 따라 '세 가지 깨끗한 고기'(즉, 육식을 목적으로 일부러 죽인 것이 아닌 짐승의 고기)를 먹는 것이 허용되었다. 양 무제는 재정 문제를 해결하기 위해 대승불교의 주장에 따라 육식을 금지했다. 이것이 중국 불교도가 채식을 하게 된 기원이다.

선택에도 통치자의 사적인 호오를 비롯한 여러 기준이 있었다. 그런데 위진남북조에는 민족 문제도 있었다. 석호는 말하길, "부처는 이민족의 신이므로 마땅히 섬겨야 한다"라고 했다. 그래서 북방은 불교를, 남방은 도교를 중시한 것은 당연한 일이었다.[32]

그런데 이상하게도 북위의 태무제는 이민족인데도 불교를 탄압했고 남조의 양 무제는 한족인데도 불교의 비위를 맞췄다. 이것은 전도된 일이 아닌가? 태무제와 양 무제는 왜 이런 선택을 했을까? 이런 전도 현상의 배후에는 또 어떤 비밀이 숨겨져 있을까?

해답은 아마도 북조가 종말을 고한 시점에서 찾을 수 있을 것이다.

32 『진서』「불도징전」 참조.

제5장

새 문명의 재창조

재통일

회하의 남과 북

장성의 안과 밖

늪지대

조합의 힘

선비화된 한족이었던 수 문제 양견은 훗날 당 제국을 창시한 이와
마찬가지로 민족 간 혼혈아 중의 빼어난 인재였다.
그는 화하 문명의 유전인자도, 소수민족의 활기찬 생명력도 갖고 있었으므로 당연히
더 개방적이고 포용적인 새 문명을 창조할 수 있었다.

재통일

진陳 왕조는 망하기 전에 스모그가 심했다.

짙은 스모그가 건강의 천지를 뒤덮는 바람에 사람들은 코가 맵고 시큰했다. 정사의 기록에 따르면 마지막 황제 진숙보는 심지어 신년 하례식 때 혼절해 황혼녘에야 겨우 깨어났다고 한다.[1]

그날은 수나라 개황開皇 9년(589) 정월 초하루였다. 스모그 속에서 혼절한 진숙보는 아마 알고 있었을 것이다. 바로 그날, 수 문제文帝 양견楊堅이 보낸 대군이 두 갈래로 나뉘어 양쯔강을 건너 금세 성문 아래로 들이닥치리라는 것을.[2]

20일 뒤, 그 망국의 군주는 포로가 되었다.

그가 포로가 된 과정은 무척 볼썽사나웠다. 수나라군이 대성에 들어섰을 때, 성 안의 문무백관은 모조리 도망치고 겨우 몇 명만 궁 안에 남아 있었다. 한 충성스러운 대신이 진숙보에게 건의했다.

177

---

1 『남사』 「진본기하」와 『자치통감』 177권 참조.
2 그 두 갈래 대군 중 하약필賀若弼은 강을 건너 경구를, 한금호韓擒虎는 강을 건너 고숙姑孰(지금의 안후이성 당투當塗)을 점령한 뒤 양쪽에서 건강을 협공했다.

"정장을 입고 정전正殿(임금이 조회를 하며 정사를 처리하는 장소)을 지키소서. 당년에 양 무제가 후경을 만났을 때처럼 그렇게 수나라군의 장수를 접견하신다면 적어도 존엄은 지키실 수 있을 겁니다."

하지만 진숙보는 말했다.

"칼날 아래에서 어떻게 그들을 만난단 말이냐? 내게도 방법이 있다."

그 방법은 우물 속에 숨는 것이었다.

안타깝게도 진숙보는 수나라군이 우물에 돌을 떨어뜨리려 할 줄은 몰랐다. 그는 그들이 돌을 떨어뜨리겠다고 떠들자 비로소 우물 속에서 소리를 냈다. 이번에 놀란 쪽은 그들이었다. 얼른 밧줄 한 가닥을 내렸는데 뜻밖에도 올라온 사람은 세 명이었다. 진숙보와 귀비 장려화張麗華 그리고 귀빈 공씨였다.[3]

그다음 이야기는 재미도 없고 미스터리도 없다. 절세미녀 장려화는 수나라군 장수에게 살해되었다. 이에 그녀에게 눈독을 들이던 진왕晉王 양광楊廣(훗날의 수 양제煬帝)은 무척 불쾌해했다고 한다. 망국의 군주 진숙보는 장안으로 끌려가 양심도 없이 뻔뻔하게 장수를 누렸다.[4]

역사는 크게 변모했다. 그 전까지 중국은 4세기 동안 분열과 혼란을 겪었다. 삼국, 동진과 서진, 오호, 십육국, 남북조를 거치며 사분오열되고 남북이 대치하여 동란이 끊이지 않았다. 하지만 진숙보가 우물 속에서 끌어올려진 뒤로 이 모든 것은 전부 종결을 고했다.

한 시대가 그렇게 희극적으로 막을 내렸다.

---

3 위의 내용은 『진서』 「후주기」, 『남사』 「진본기하」, 『자치통감』 177권 참조.
4 『진서』 「후주기」, 『남사』 「진본기하」, 『수서』 「고경전高熲傳」, 『자치통감』 177권 참조.

그것은 결코 가볍게 볼 수 없는 시대였다. 우리는 진秦나라가 천하를 통일한 후 동탁이 낙양에 입성하기까지 진한의 '제1제국'이 410년간 지속된 것을 알고 있다. 이어서 수 문제가 진陳나라를 멸하고 나중에 주전충朱全忠이 당나라를 멸하기까지 수당의 '제2제국'이 318년간 지속되었다. 이 양자 사이의 세월은 정확히 400년이었다. 확실히 그것은 부질없이 연기처럼 사라진 시대가 아니었으며 우리에게 깊은 성찰과 사유를 요구한다.[5]

중국 민족에게는 왜 그런 운명과 선택이 존재했을까?

진陳나라와 수나라를 살펴보기로 하자.

수 문제가 멸한 진 왕조는 진패선이 세웠고 그 시점은 후경의 난 이후였다. 그때는 양 무제 자손들의 권력투쟁과 골육상쟁 그리고 매국 행위 때문에 남량의 국토가 상당히 줄어든 상태였다. 회남淮南과 광릉은 동위의 것이 되었고 익주益州와 한중漢中과 양양襄陽은 서위의 것이 되었다. 남조는 처음부터 천하의 절반을 차지했을 뿐이었는데 이제 그 절반을 또 상실해 체면이 말이 아니었다.

다시 말해 진나라는 건립 초에 이미 작은 왕조에 지나지 않았다.

더군다나 지금까지 남방의 한족 정권들이 그나마 안정을 유지할 수 있었던 것은 파릉巴陵(지금의 후난성 웨양岳陽)에서 건강에 이르는 양쯔강 방어선 덕분이었는데, 이제 강릉江陵(지금의 후베이성 징저우荊州)이 실질적으로 서위의 통제 아래에 있어서 양쯔강의 천혜의 지리적 조건은 더

179

---

5 진시황이 제나라를 멸한 것은 기원전 221년, 동탁이 낙양에 입성한 것은 189년, 수 문제가 진나라를 멸한 것은 589년, 그리고 주전충이 당나라를 멸한 것은 907년이다.

이상 믿을 만하지 못했다. 진패선의 나라는 처음부터 몹시 위험한 상태에 처해 있던 것이다.[6]

그래서 초기의 황제 몇 명이 의욕을 가져보기는 했지만 사실상 대세를 돌이키기는 어려웠다. 한 차례 수복했던 양쯔강 이북의 여러 지역도 결국에는 적에게 다시 빼앗겨, 진 왕조는 도로 좁은 범위로 축소되고 말았다.[7]

진숙보가 제위를 이어받았을 때는 그저 망국을 기다릴 수밖에 없었다.

사실 수 문제는 충분한 준비를 갖추고 진나라를 정벌했으며 출정식도 무척 요란했다. 심지어 그는 진숙보의 20가지 죄상이 적힌 격문을 발표하고 그것을 30만 부나 베껴 적어 널리 뿌리게 했다. 그때 누가 군사행동은 보안과 기만이 중요하므로 널리 알려서는 안 된다고 지적했다. 하지만 수 문제는 생각이 달랐다.

"짐이 하늘을 대신해 천도를 행하는데 왜 비밀을 지켜야 한단 말인가? 만약 그놈이 격문을 보고 스스로 잘못을 고친다면 또 무슨 관계가 있단 말인가?"[8]

수 문제는 자신만만했다.

그는 자신감을 가질 만했다. 당시 수나라군의 병력은 51만8000여명이었고 장병들은 하나같이 투지에 불타고 있었다. 그러면 진숙보에게는 무엇이 있었을까? 수 문제의 말에 따르면 그의 국토는 겨우 손바

---

6 판원란의 『중국통사』 참조.
7 573년, 진 선제는 북제를 정벌하여 양쯔강 이북의 여러 고을을 차례로 수복했다. 그러나 579년, 북주는 수양을 함락함으로써 잃었던 땅을 모두 되찾았다.
8 『남사』 「진본기하」 참조.

딱 만했고 의지할 만한 것이라고는 겨우 산골짜기 정도의 험준한 지형뿐이었다. 그러니 어떻게 천명을 받은 왕조의 강력한 군대를 당해낼 수 있었겠는가?[9]

하지만 진숙보는 천하태평이었다.

사실 수 문제의 대군이 국경을 압박해올 때 진나라 조정에는 첩자의 정보가 속속 전해졌다. 그러나 어느 조정 대신은 이렇게 말했다.

"이것은 다 변방의 장병들이 공을 세우려고 일부러 적의 실정을 과장하는 겁니다. 양쯔강은 예로부터 천험의 요새인데 북방의 오랑캐가 어떻게 건너겠습니까? 만약 건너온다면 소신이 큰 공을 세워 태위공太衛公이 되겠습니다!"[10]

진숙보는 껄껄 웃고서 매일 밤 잔치를 열었다.

그는 이토록 무능한 인물이었다. 하지만 연애시는 매우 잘 써서 대표작으로 「옥수후정화玉樹後庭花」를 남겼다.[11]

그를 가리켜 수 문제가 '패기라고는 전혀 없다全無心肝'고 평할 만했다.[12]

따라서 진숙보는 망국의 군주가 될 만했으며 수 문제가 진나라를 멸할 수 있었던 것은 당연한 일이었다. 실제로 진나라와 남량은 진즉에 망했어야 했다. 그들이 구차하게 목숨을 부지할 수 있었던 것은 단지 북방도 불안정했기 때문이었다.

181 문제는 북위에서 발생했다.

---

9 『수서』 「고조기하」와 『자치통감』 176권 참조.
10 『남사』 「공범전孔范傳」과 『자치통감』 176권 참조.
11 「옥수후정화」는 「후정화」라고도 불리며 악곡의 가사로 쓰였다. 이것은 곽무천郭茂倩의 『악부시집樂府詩集』 참조. 이밖에 『구당서舊唐書』 「음악지音樂志」에서는 "진이 장차 망하려는데, 「옥수후정화」를 지었네陳將亡也, 爲玉樹後庭花"라고 했고, 또 두목杜牧은 「박진회泊秦淮」에서 "가희歌姬는 망국의 한도 모르고, 강을 사이에 둔 채 여전히 「옥수후정화」를 노래 부르네商女不知亡國恨, 隔江猶唱後庭花"라고 했다.
12 『남사』 「진본기하」 참조.

남북조 시대를 연 그해(439)부터 북위는 중국 북방의 주인이었다. 그 후로 그들은 꼬박 한 세기 동안 북방의 통일을 유지했다. 그 공은 당연히 제국을 세운 탁발규, 북조를 창립한 탁발도, 낙양으로 천도한 탁발 굉 이 세 사람에게 돌아가야 한다.

그런데 애석하게도 낙양 천도 후 5년 만에(499) 탁발굉이 세상을 떠났다. 그의 후계자는 그의 이상과 생각을 따르지 못했고 역사의 방향을 읽지도 못했다. 개혁 뒤의 정국을 장악하는 일은 더더욱 하지 못했다. 그 결과, 궁정 쿠데타와 정치적 음모가 30년간 이어지다가 양 무제가 동태사에서 첫 번째 사신을 한 그 이듬해(528)에 북위는 대란이 일어나 분열되었다.

분열 뒤에 북위는 동위(534)와 서위(535)로 변했다.

동위와 서위는 표면적으로는 탁발씨의 후예가 계승했지만 실제로 동위의 집권자는 선비화된 한족 고환이었고 서위는 한화된 선비족 우문태가 좌지우지했다. 이처럼 헤게모니가 남의 손에 있었던 탓에 군주가 자리를 선양하는 형식의 쿠데타가 일어나곤 했다. 그래서 결국 동위는 북제(550)로, 서위는 북주(557)로 변했다.

또한 서위가 북주가 된 그해에 남량도 진나라로 변했다.

제, 주, 진, 삼국이 정립했다.

삼국 중에서 북주가 영토가 제일 넓었지만 힘은 제일 모자랐다. 군사력은 북제보다 약했고 정치적 지위는 진나라만 못했으며 문화는 더더욱 상대적으로 낙후했다. 하지만 최후의 승리는 뜻밖에도 북주에 돌아갔다. 577년, 북제의 수도 업성이 함락되고 북주가 다시 중국의 북방을 통일했다. 진 선제宣帝가 북제로부터 탈환했던 양쯔강 이북의 여러 지역도 북주의 소유가 되었다.

천하는 곧 북주의 것이 될 듯했다.

그런데 안타깝게도 북제를 멸한 지 1년 반 만에 북주 무제가 뜻을 다 이루지 못하고 36세의 나이로 병사했다. 정신적 구심점을 잃은 북제는 곧장 혼란에 빠졌는데 나중에 한 강력한 인물이 나타나 사태를 수습했다.[13]

우리는 그가 바로 수 문제였다는 것을 알고 있다.

수 문제 양견은 선비화된 한족으로서 선비 성씨는 보륙가普六茹, 선비 이름은 나라연那羅延(금강석처럼 단단하다는 뜻) 그리고 작위는 수공隋公이었다. 그런데 이 보륙가 나라연은 수공에서 수왕隋王으로 지위가 오르고 다시 양견이라는 한족 이름을 되찾았을 때 또 한 차례 선양의 연극을 벌여 북주를 수나라로 바꿨다. 중국을 완전히 통일하는 사명도 당연히 수나라가 맡게 되었다.

따라서 400년의 그 역사는 이렇게 개괄될 수 있다. 통일된 대제국이 셋으로 나뉘어 삼국이 되었고 짧은 통일 뒤, 다시 크게 분열해 위진십육국이 되었다. 그러고 나서 남북이 대치하였는데 이것이 바로 남북조다. 마지막에는 서쪽이 동쪽과 싸워 이기고 북쪽이 남쪽을 통일해 새

183

---

13 북주 무제 우문옹이 업성을 함락한 것은 건덕建德 6년(577) 정월이고 사망한 것은 건덕 7년(578) 6월이다.

로운 대제국이 탄생했으니, 그 경로는 옛날 진나라의 천하통일과 거의 유사했다.[14]

이상한 일이다. 400년간 분열되고 혼란했던 국면이 왜 다시 하나로 통일되었을까?

통일은 왜 북쪽에서 남쪽으로 진행되었을까?

또 그 전에 북방은 왜 또다시 분열되었을까?

분열된 적이 없었던 남방은 왜 통일의 대업을 이루지 못했을까?

마지막에 통일을 이룬 인물은 왜 선비화된 한족일 수밖에 없었을까?

이 문제들의 답을 우리는 알고자 한다.

14 재통일로 가는 길에서는 거의 진秦나라의 궤적이 재현되었다. 이는 판수즈의 관점으로 『국사개요』 참조.

회하의 남과 북

북위 33도는 중화민족과 중화 문명과 관련해 특수한 의미가 있는 듯하다. 이 위도의 아래위에서, 중서부에 위치한 해발 2000미터의 진령秦嶺이 남북의 온난 기류를 가로막고 그 산세가 동부, 즉 회하까지 이어진다. 또한 회하와 진령은 함께 중국의 800밀리미터 등강수량선을 이루고 있다. 연강수량이 그 북쪽은 800밀리미터 이하이고 그 남쪽은 800밀리미터 이상이다.

이것을 경계로 중국의 대지는 남방과 북방으로 나뉜다.

온대성 반습윤 기후에 속하는 북방은 광활한 비관개 농업 평야로서 비옥한 황토에서 밀과 대두, 잎이 떨어지는 활엽수가 자란다. 예를 들어 부견符堅은 전진의 국도 옆에 심던 홰나무를 뜻했다. 가을과 겨울 사이만 되면 온 산과 들판이 황금빛으로 물들었다가 눈 깜짝할 사이에 황량해지고 강물과 공기가 다 얼 때는 하늘과 땅 사이에 스산한 기운이

185

가득하다.

그곳은 혈기왕성한 남자들의 땅이다.

그런데 남방은 아열대성 습윤 기후에 속하며 1월에도 평균 기온이 섭씨 0도 이상이다. 나무는 대부분 사시사철 푸른 활엽수이고 농작물은 주로 벼와 유채다. 얼음이 얼지 않는 호수에는 마름과 연뿌리가 자라고 당연히 물고기와 새우, 게도 산다. 그리고 바람이 양쪽 기슭에 벼꽃 향기를 몰아오는 계절에는 다정한 여자가 자신의 남자에게 간드러지는 노래와 춤 그리고 향기로운 요리를 바친다.

북방에서 수립된 정권이 일단 남방으로 내려가기만 하면 왜 버슬아치들이 안일과 향락을 추구하게 되었는지 이해가 간다. 예로부터 지금까지 왜 북방에서 밀과 몽둥이에 의지해 자란 무장 세력이 천하를 통일했는지도.

회하의 남쪽과 북쪽은 서로 다른 풍경을 갖고 있었다.

십육국과 남북조도 서로 다른 시대였다.

차이는 현저했다. 정치적으로 보면 십육국은 대분열의 시대였고 남북조는 반半통일의 시대였다. 문명적으로 보면 오호는 동진보다 못했고 북조는 남조보다 나았다. 다시 말해 분열된 십육국이 통일된 북위로 변한 뒤, 역사의 발전 과정에 역전 현상이 생겼다. 이민족의 북방은 부단히 진보했지만 한족의 남방은 갈수록 쇠퇴했다. 그래서 통일의 대업은 북방이 완성할 수밖에 없었다.[15]

186

---

15 첸무의 『국사대강』 참조.

이 모든 것이 또한 그 남북 분계선과 관련이 있었다.

사실상 동진 시대부터 회하는 지리적 분계선이자 군사적 분계선이었다. 후조와 동진, 전연과 동진, 전진과 동진은 모두 회하를 사이에 두고 통치했다. 회하 남쪽에서 동쪽부터 서쪽으로 지금의 화이인淮陰, 방부蚌埠, 화이난淮南, 신양信陽이 나란히 이루는 선은 거의 동진의 국경선이자 변경 방어의 최전선이었다.

회하가 없었다면 동진도 없었다고 말할 수 있다.

마찬가지로 회하로 나뉘어져 통치하지 않았다면 남방과 북방도 없었다.

중화 문명의 사상체계에서 원래 남방과 북방의 개념은 존재하지 않았다. 남북은 동서와 마찬가지로 '중국中國'의 바깥 둘레였을 뿐 서로 대치되는 양쪽 절반이 아니었다. 상, 주부터 진, 한을 거쳐 위, 진에 이르기까지 중국 민족은 자신들이 천하의 한가운데에 살고 있으며 전 세계에서도 중심은 그곳뿐이라고 생각했다. 그 중심은 위진 시대 이전에는 중국이라 불렸고 위진 시대 이후에는 중원中原이라 불렸다.[16]

중심은 무엇보다도 문화의 중심이었다. 다시 말해 문화가 앞선 화하족華夏族이 중심이고 그 동서남북은 만이蠻夷와 융적戎狄이었다. 통일된 대제국이 탄생된 후에는 중심에 정치적 의미도 생겼다. 즉, 황제의 도읍이 중심이고 그 동서남북은 제국의 군현이었다. 바꿔 말해 진한 이전에는 단지 중국과 사방만 있었다. 진한 양대에도 중앙과 지방이 있었

---

16 예를 들어 『삼국지』 「노숙전魯肅傳」에서 배송지는 해설하길, "유비와 손권이 힘을 합쳐 중국(조조가 통제하던 후한 정권)과 겨룬 것은 다 노숙이 본래 꾸민 것이었다劉備與權幷力, 共拒中國, 皆肅之本謀"라고 했다.

을 뿐이지 회하를 경계로 하는 남방과 북방은 없었다.

한나라의 중앙은 장안과 낙양이었으며 위진에는 낙양만 있었다. 낙양의 지리적 위치는 정확히 진령에서 회하까지의 남북 분계선 중간에서 북쪽에 치우쳐 있었다. 그래서 옛날에 주공 등이 낙양을 '중국'이라 칭한 것은 결코 일리가 없지 않았으며 심지어 혜안이 있었다고 말할 수 있다. 더욱이 후한부터 서진까지 낙양은 300년 가까이 황제의 도읍이었으니 당연히 중심이었다.[17]

그런데 311년 낙양이, 그리고 5년 뒤 장안이 함락되면서 모든 것이 바뀌었다. 한편으로 그 유서 깊은 두 문명 도시는 게르만족에게 로마와 밀라노가 당했던 것처럼 처참하게 유린되었고, 다른 한편으로는 중원의 사족들이 대거 남하해 건강을 중국의 비잔티움으로 만들고자 했다.

그때 중국 민족에게는 여러 가지 선택의 여지가 있었다.

첫 번째는 장안과 낙양을 버리고서 문명을 모두 남쪽으로 옮겨 건강을 중심으로 다시 기운을 내는 한편, 더 남쪽의 푸젠福建, 광둥廣東, 광시廣西, 하이난海南 방향으로 발전하여 마치 알렉산더 대왕 이후 북아프리카가 그리스화된 것처럼 그 지역들을 철저히 한화시키는 것이었다.

하지만 그것은 불가능했다. 중원을 차지한 이민족은 하나가 아니라 다섯이었다. 그들 중에는 로마에 비견될 만한 이들이 없었다. 양쯔강

---

17 후한 광무제가 낙양에 도읍을 정한 것은 25년이고 유요가 낙양을 함락한 것은 311년이다.

하류 동남부에 안착한 한족 백성과 사대부들도 그러고 싶어하지 않았다. 그들은 심지어 진 왕조 때까지도 여전히 중원을 수복하기만을 바랐다. 사실 그들은 꼭 그럴 만한 능력이 없다고는 할 수 없었지만 뒤에서 이야기할 원인으로 인해 이 첫 번째 선택은 결국 실현되지 못했다.

그래서 다른 선택들도 마찬가지로 가능성이 없었다. 예를 들어 북방의 이민족이 중국을 통일해 전 중국의 이민족화를 실현하는 것도, 반대로 중국에 들어온 다섯 이민족이 건강의 정부를 섬기며 동진 황제를 천자로 삼는 연방 국가를 만든 뒤 화하 문명에 녹아들어 죄다 한화되는 것도 불가능했다.

확실히 그것들은 다 잠꼬대나 다름이 없었다.

불가능했던 원인은 여러 가지였다. 진령과 회하가 남북을 가로막고 있기도 했고 이민족과 한족의 종합적인 국력과 군사력이 서로 엇비슷한 것도 문제였다. 더 중요한 것은 이민족과 한족 모두 화하 문명을 높게 평가하는 상태에서 단지 누가 대표권을 갖느냐를 두고 다툰 것이었다. 건강 정부와 한족은 당연히 그 권리를 포기할 리 없었고 북방 이민족 중에서 부견이나 북위 탁발씨 같은 이들은 오직 자신들만이 화하 문명의 정통성을 대표한다고 공언했다.

이민족과 한족은 양쪽 다 자신들이 화하이며 큰형님이라고 생각했다.

189　　그래서 하나의 중심은 둘로 바뀌어 하나는 남쪽에, 하나는 북쪽에

자리했다.

결과적으로 남북조가 생긴 것이었다.

남북조가 생김으로써 비로소 남방과 북방이 생겼다.

지역적으로 남북으로 나뉜 것은 부적절한 게 없었지만 두 개의 중심은 문제가 있었다. 왜냐하면 상, 주부터 한, 위까지 줄곧 화하 문명은 먼저 한곳에 모였다가 문화적 분위기가 희박한 주변부로 확산되었기 때문이다. 더욱이 중심이 여러 개인 것은 중심이 없는 것과 마찬가지다. 그 중심들이 장안과 낙양처럼 서로 의존하면서도 각기 맡은 바역할이 뚜렷하지 않다면 말이다. 장안은 동서를 융합했고 낙양은 남북을 소통시켰으며 또 장안은 진취성을 대표했고 낙양은 안정을 대표했다.[18]

하지만 건강과 호도胡都, 즉 북방 이민족의 수도는 그렇지 않았다.

더구나 이민족의 수도는 전부 여기저기 흩어져 있는 데다 이동이 잦았다.[19]

그래서 탁발굉의 낙양 천도는 의미가 컸다. 사실상 바로 그곳에서 그는 훗날의 수 문제와 당 태종을 위해 사고의 방향을 바로잡고, 테스트를 행하고, 경험을 축적하고, 인기를 모으고, 또 희망을 남겼다. 비록 훗날의 동위와 서위는 낙양을 버렸고, 또 수 문제와 당 태종도 낙양이 아니라 장안에서 각기 새 제국과 새 문명을 세우기는 했지만 말이다.

사실 장안도 지위가 높기는 했다. 어쨌든 장안이 위치한 관중 지역   190

---

18 첸무의 『국사대강』과 저우스펀의 『중국역사 11강』 참조.
19 예를 들어 유연은 맨 처음 평양을 수도로 삼았지만 유요가 장안으로 천도했고 석륵은 양국襄國을 수도로 정했지만 석호가 업성으로 천도했으며 북위의 도읍도 처음에는 평성이었다가 나중에 낙양으로 옮겨졌다.

은 주나라, 진나라, 전한의 발흥지였다. 오호 중의 사대천왕인 흉노의 전조, 갈인의 후조, 저인의 전진, 강족의 후진 중 세 나라가 의외로 장안을 수도로 삼은 것도(전조의 유요, 전진의 부건, 후진의 요장) 그럴 만해서 그랬던 것이다.

오직 수 양제와 무측천만 낙양을 더 좋아했다.[20]

상대적으로 건강은 한참 뒤졌다.

지금은 난징이라 불리는 건강은 본래 기상이 예사롭지 않았다. 언젠가 제갈량은 건강을 가리켜 "종산鐘山은 용이 서린 듯하고 석두산石頭山은 호랑이가 웅크린 듯하니 여기는 제왕이 머물 곳이로다!"라고 찬탄했다. 하지만 실제로는 어땠을까? 서진이 오나라를 멸한 후로 그 사이 건강에 세워진 정권들은 모두 단명한 작은 왕조였다.[21]

북위가 건강의 정권을, 분수를 모른다는 의미로 '참진僭晉'이라고 부를 만했다.

하지만 오나라를 빼더라도 건강은 무려 270년 동안 제왕의 도읍이었다. 시간적으로 낙양보다 그리 짧지 않았다. 또한 북위는 오히려 낙양으로 천도한 지 얼마 안 돼서 내란에 빠지고 말았다. 더구나 남방의 잠재력은 일찍이 삼국 시대에 이미 증명된 바 있었다. 북방의 군웅들을 추풍낙엽처럼 떨어뜨린 조조도 끝까지 양쯔강을 한걸음도 넘지 못했다.

191　　아무래도 건강과 낙양은 역사에 대해 책임질 필요가 없는 듯하다.

20　604년, 수 양제는 부친을 시해하고 제위에 올라 낙양을 동도東都로 정했다. 690년에는 무측천이 성신聖神황제라 자칭하고 낙양으로 천도했다.

21　인용 부분은 『대학연의보大學衍義補』 156권 참고.

책임은 오직 사람에게 있을 뿐이다. 실제로 중원의 혼란과 남북의 대치가 270~280년이나 계속된 것은 남방과 북방에 모두 문제가 있었기 때문일 것이다. 단지 오호십육국 시대에는 북방에 골칫거리가 많아 오호가 동진보다 못했고 남북조 시대에는 남방에 문제가 더 많아서 북조가 남조를 능가했다.

그러면 그들에게는 무슨 문제가 있었을까?

장성의 안과 밖

먼저 북방을 살펴보자.

남북의 분계선이 회하였던 것처럼 북방의 경계는 장성長城이었다. 회하는 자연적인 것이었지만 장성은 인위적인 것이었다. 일찍이 남북조 이전에 이미 장성은 경계선이 되어 내지內地와 이민족을 구분했다. 그때는 장성 밖이 긴 세월 동안 북北이었으며 장성 안, 회하 이북이 중中으로서 찬란한 문명을 빛낸 중국 혹은 중토中土, 중하中夏였다.[22]

하夏에 대응되는 것은 이夷, 즉 만이융적蠻夷戎狄으로 호胡라고도 불렸다.

이런 무례한 호칭 뒤에는 의심의 여지없이 문화적 우월감과 민족적 자신감이 깔려 있었다. 다만 어느 누구도 미래의 어느 날, 장성 밖의 융적이 내지의 주인이 되고 본래 주인은 동남쪽 구석으로 쫓겨나 도이, 즉 바닷가의 오랑캐라고 불리게 될 줄은 몰랐다.

193

22 당시 중화와 중하는 뜻이 완전히 같았다. 예를 들어 부혁傅奕은 "강호光胡 같은 이민족이 중하에 거주한다光胡異類, 寓居中夏"고 했고 두탄杜坦은 송 문제에게 "신은 본래 중화의 명문 사족으로서 (⋯) 추운 땅으로 옮겨왔습니다臣本中華高族 (⋯) 播遷凉土"라고 고했다.

장성의 안과 밖은 완전히 뒤바뀌었다.

그런 급격한 변화는 승리자들을 포함해 누구도 적응하기 힘들었다. 갑자기 나타난 권력의 진공 상태와 역사의 무대에 직면해 그들은 각자 한 지역을 차지해 왕이 되거나 차례로 등장해 마음껏 혈기와 야성을 발휘하여 중원 땅을 갈기갈기 찢어놓았다.

오호십육국의 난은 바로 그래서 일어났다.

하지만 유례없는 혼란 속에서도 문명의 힘은 끈질기게 자라났으며 각 민족의 백성은 공통적으로 혼란에서 질서로 나아가기를 바랐다. 그래서 먼저 후조의 석륵이 소통일을 이뤘고 그 다음에는 전진의 부견이 대통일을 이뤘다. 이 두 번의 통일은 비록 기간이 짧기는 했지만 미래에 나아갈 방향을 명확히 지시했다. 게다가 갈인의 후조든 저인의 전진이든 선비족의 북위든 모두 스스로를 중화라고 칭했다.

이 점은 로마와는 달랐다.

한때 세계의 리더였던 서로마 제국은 북위의 풍 태후가 체제 개혁을 시작한 해(476)에 멸망하여 수많은 조각으로 갈라졌다. 동쪽의 비잔티움 제국만 중국 명나라 경태景泰 연간까지 유지되다가 결국 1453년 오스만 튀르크인에게 정복당했다. 바로 그해에 영국과 프랑스의 백년전쟁이 끝나기도 했다.

그러나 비잔티움 제국은 동로마라고 불리기는 했지만 사실 전혀 다른 국가, 전혀 다른 문명이었다. 적어도 그 제국의 초기는 알렉산더 제국의 기사회생이나 그리스 전통의 부활과 비슷했다. 여기에 기독교 교회의 사회 혁명은 로마 문명의 위대한 부흥과는 거리가 멀었다. 진정한 로마 문명은 콘스탄티노플로 천도하는 그날 이미 사멸하고 말았다.

사실상 로마도 먼저 분열되었다가 나중에 멸망하기는 했지만 그 분열은 역시 삼국과 남북조와 함께 놓고 이야기할 수 없다. 삼국은 모두 한족 정권이었고 북조는 두 언어를 함께 쓰도록 규정했지만, 동로마와 서로마는 각기 그리스어와 라틴어 문화권이었다. 그래서 동로마는 갈수록 거리가 멀어졌고 프랑스어, 이탈리아어, 스페인어, 포르투갈어가 서로마의 파괴된 땅에서 게르만족에 의해 창조되었다.

중국과 로마는 서로 다른 분열과 변화를 겪었다.

로마에서 황제들의 호칭은 카이사르였다. 독일과 오스트리아의 카이저는 사실 카이사르였고 러시아의 차르도 마찬가지였다. 하지만 그들은 탁발도가 중화의 황제로 자처한 것처럼 자신들이 로마 황제라고 말한 것 같지는 않다.[23]

로마 황제가 아니면 로마 문명을 부흥시킬 의무가 없었고 다시 제국을 통일시킬 필요도 없었다. 더구나 로마 문명은 본래 제2기 문명이었다. 그전에 일찍이 서아시아 문명, 이집트 문명, 페르시아 문명과 그리스 문명이 있었다. 그래서 로마 권역 내의 게르만족은 진작 로마화 되기는 했어도 꼭 로마 문명에 충성하려 하지는 않고 완전히 독립적으로 살아갔다.

195

---

23 로마에 관해서는 웰스의 『세계사강』 참조.

하지만 중화 문명은 제1기 문명이었다. 히말라야 산맥과 파미르 산맥에 가로막혀 서아시아와 인도의 문명은 중국에 거의 영향을 못 미쳤다. 적어도 위진 시대 전까지는 그랬다. 당시 동아시아 지역에서는 중화 문명이 유일한 문명이었다. 그래서 장성 밖의 유목 민족에게는 선택지가 두 가지밖에 없었다. 계속 부락 시대에 머무르든가, 장성을 넘어가 중화 문명과 하나가 되든가.

오호는 후자를 택했다.

게다가 그들은 진즉에 장성을 넘었다.

로마는 장성이 없고 큰 길만 있었다. 모든 길이 로마로 통한 것과 장성이 한족과 이민족을 나눈 것은 서로 다른 모델과 방향이었다. 전자는 문명이 다원적일 수도, 새로 건립될 수도 있음을 의미했다. 설령 대가를 치르더라도 말이다. 그런데 후자는 세계의 중심이 오직 하나이고 문명의 형태도 하나여서 자신들의 토대를 굳게 지키는 것 외에 다른 선택지는 없다고 생각했다. 설령 다시 결합되더라도 말이다.

안 그러면 파멸할 수밖에 없었다.

400년간 혼란과 분열을 겪었는데도 다시 통일이 되고 통일 후 다시 건설된 것 역시 중화 문명일 수밖에 없었던 까닭은 아마도 여기에 있을 것이다.

단지 문제는 누가 통일했느냐는 데에 있다.

역사는 선비족 탁발부를 택했다.

이것은 뜬금없는 일처럼 보인다. 선비족은 오호 중에서 문화가 가장 낙후했고 탁발부는 또 선비족의 각 부 중에서도 문화가 가장 낙후한 이들이었기 때문이다. 하지만 진나라도 전국칠웅 중에서 상대적으로 뒤떨어지는 나라였고 미국도 서양 국가들 중에서 가장 늦게 부상하지 않았던가. 문화가 낙후하다는 것은 크게 중요해보이지 않는다. 가장 중요한 것은 학습에 능하고 혁신을 두려워하지 않는 것이었다.

하물며 앞선 곳은 앞선 곳대로 문제가 있었다. 마치 큰 곳은 큰 곳대로 어려운 점이 있는 것처럼 말이다. 실제로 로마와 후한이 결국 멸망한 것은 그 두 문명 모두 성숙할 대로 성숙해 발전의 한계에 다다랐기 때문이다. 그때가 되면 자체 역량으로는 개혁이 불가능해서 외부의 힘을 빌려 부흥을 꾀할 수밖에 없다. 하지만 유감스럽게도 게르만족은 로마에 수혈을 해주지 않고 그것을 해체했다.[24]

그 후, 유럽에서는 다채로운 판도가 펼쳐졌다.

하지만 선비족은 진퇴양난에 빠졌다.

겉으로 보기에 그들이 택할 수 있는 길은 많았다. 상책은 중원을 제패하고 천하를 평정해 통일된 대제국을 설립하는 것이었고, 중책은 한 지역에 안착해 소규모 정권을 유지하는 것이었다. 만약 그것도 안 된다면 북쪽의 광대한 황무지로 물러나 다른 유목 민족처럼 반복적으로 중원을 침략해 노략질하고 돌아가는 것이 하책이었다.

197 하지만 내지에 들어가 평성을 수도로 정하고 농업 민족으로 변신한

---

24 미국의 역사학자 스타브리아노스도 로마가 중국과 마찬가지로 일정 정도까지 발전하고 더 이상 발전하지 못했다고 생각했다. 그의 저서 『전세계 통사』 참조.

뒤로는 세 번째 길을 가는 것은 사실상 불가능해졌다. 그렇다고 같은 선비족 동포인 모용부의 전연 같은 사람들처럼 잠깐 활약하다가 사라지는 지방정권이 될 수도 없었다. 이미 퇴로가 사라진 선비족 탁발부는 중화 제국이 되는 목표를 향해 위험을 무릅쓰고 용감하게 나아가야만 했다.

하지만 소수민족이자 신진세력으로서 북위는 통일을 실현할 수는 있어도 중국을 선비족화할 수는 없었다. 그것은 불가능했고 그렇게 해서도 안 되었다. 그들이 유일하게 할 수 있었던 것은 먼저 자신을 바꾸고 그다음에 중국을 바꾸는 것이었다.

천하를 얻으려면 중국화되어야 했다.

이 때문에 풍 태후가 철저히 혁신을 밀어붙이고 탁발굉이 대대적인 한화를 수행한 것이다.

실제로 그것은 반드시 거쳐야 하는 길이었다.

하지만 그것은 선비족의 문화 전통을 바꾸고 일부 계층의 기득권을 해치는 것을 의미하기도 했다. 그래서 한 세기 가까이 통일되어 있던 북방은 다시 동위와 서위로 분열되고 말았다. 동위와 서위도 각기 또 한 차례 쿠데타를 겪고 북제와 북주로 변했다.

북제와 동위 그리고 북주와 서위는 이름만 달랐지 사실은 하나였다. 실권을 장악한 이들이 동위와 북제는 모두 고환 일족이었고 서위와 북제도 모두 우문태 일족이었기 때문이다. 우문태는 한화된 선비족이었 **198**

으며 고환은 선비화된 한족이었다. 그러면 한화된 선비족과 선비화된 한족 중 누가 최후의 승자가 되었을까?

선비화된 한족이었다.

하지만 고환이 아니라 양견이었다.

양견은 황허강의 구불구불 흐르는 물줄기가 결국에는 대해로 흘러 들어가는 것을 알고 있었다. 천하가 불안정한 근본 원인은 민족 관계에 있었다. 고환은 민족 간 모순을 조정하다가 북주에게 멸망당했고 우문 태는 한족의 선비화를 추진하다가 수나라에게 멸망당했다. 수나라만 한족을 위주로 한, 한족과 이민족의 상호 변화를 꾀하여 최후의 성공을 거뒀다.[25]

수당 제국의 백성은 새로운 민족이었다. 그 민족은 흉노, 갈인, 저인, 강족과 선비족의 각 부를 융합하여 새로운 한족이라 불릴 만했다. 다음 단계에서 그들은 중화 문명의 주요 창조자로 나서게 된다.

300~400년에 걸친 민족 간 대혼혈이 이렇게 성공적으로 마무리되었다.

선비족은 환골탈태했고 북위는 죽음으로써 새 생명을 잉태했다. 새로 탄생한 수 제국은 사실상 탁발부 북위의 업그레이드판이었다. 그들과 당 제국의 창시자는 모두 민족 간 혼혈이 낳은 뛰어난 인재로서 화하 문명의 유전자와 소수민족의 활력을 겸비했다. 그들은 새 역사의 창조에 적극적으로 뛰어들었다.

---

25 판원란의 『중국통사』, 젠보짠의 『중국사강요』, 판수즈의 『국사개요』 참조.

그것은 남조인들이 할 수 없는 일이었다. 더구나 그들은 자체적으로 문제를 안고 있기도 했다.

 그러면 남조의 문제는 무엇이었을까?

늪지대

북방의 문제가 민족이었다면 남방의 문제는 계급이었다.

계급투쟁은 남조 정치의 주된 테마였다. 송 문제 유의륭이 즉위 후 1년이 조금 넘자마자 자신을 황제로 추대해준 서선지와 부량(이 책 제3장 참조)을 죽인 것도 계급투쟁의 결과였다. 유의륭을 꼬드겨 그 두 사람을 죽이게 한 자들은 모두 명문 사족이었고 서선지와 부량은 서족이었다.

그것은 보통 일이 아니었다.

앞에서 말한 것처럼 문벌정치를 끝장낸 송 무제 유유는 주로 황족과 서족에 의지했다. 후자는 조정을 차지했고 전자는 군권과 각 행정구역을 차지했다. 그 후로 서족이 정무를 담당하고 지방 제후가 황실을 떠받치는 것이 남조의 기본 국책이 되었다. 이는 송, 제, 양, 진의 개국 군주가 모두 서족 출신이었을 뿐만 아니라 당시 사족이 이미 부패

하고 몰락해 중책을 맡을 능력이 없었기 때문이었다.[26]

그러면 유의륭은 왜 서선지와 부량을 죽여야 했을까?

아마도 두려움 때문이었을 것이다.

사실 서선지와 부량이 유의륭을 맞이해 수도로 들어가 황제로 추대하려 했을 때, 유의륭의 장수들은 대부분 우려를 표시했다. 명문가 출신의 몇 명만 실행하자고 주장했다. 그들은 하나같이 "서선지와 부량은 다 미천한 서생 출신이고 그런 미꾸라지들은 아예 큰 파도를 일으킬 재주도 없는데 뭐가 두려울 것이 있겠는가?"라고 생각했다.[27]

하지만 유의륭은 일이 그렇게 단순치는 않으며 상대가 미천한 서생 출신이라고 꼭 마음을 놓을 수는 없다는 것을 알고 있었다. 서선지와 부량은 이미 대담하게 어린 황제와 왕까지 살해한 자들인데 다시 음모를 안 꾸밀지 어떻게 보증할 수 있겠는가? 요행과 도박에 의지해 상류층에 진입한 소인배는 도덕적 한계 따위는 아예 알지 못한다. 그래서 유의륭이 정국을 안정시키자마자 그 두 사람은 목이 날아가고 말았다.

남조에서는 피비린내 나는 계급투쟁이 계속 진행되었다.

그 유혈극의 배후에는 심각한 역사적 배경과 갈등이 있었다. 그것은 사족 지주와 서족 지주라는 양대 계급의 권력과 노선 투쟁이었다. 이 투쟁은 황족, 사족, 서족의 삼각연애로도, 그들 간의 '삼국연의'로도 표현되었다. 그래서 그 변화 양상이 당연히 무궁무진했다.

사실 상앙의 변법과 진나라의 천하통일의 논리에 따르면 제국에는 202

---

26 유유가 문벌정치를 끝장냈다는 것은 톈위칭 선생의 관점이다. 톈위칭, 『동진의 문벌정치』 참조.
27 『남사』 「왕화전王華傳」과 『자치통감』 120권 참조.

아예 계급이 있어서는 안 되었다. 확실히 지주계급과 영주계급 간 투쟁의 산물로서 제국은 본래 계급의 소멸을 지향했다. 그 새로운 제도 아래 기존의 봉건귀족은 자취를 감췄다. 황족 이외의 모든 사람은 귀하든 천하든, 지혜롭든 어리석든 죄다 제국의 호적에 일률적으로 등록되었다. 훗날 황제가 된 유방도 예외가 아니었다.

당연히 그들은 황제 앞에서는 모두가 평등했다.

그것은 의미심장한 정치적, 사회적 혁명이었다. 그 혁명이 있었기에 천하는 진정으로 통일될 수 있었다. 또 그래서 유방이 공신들을 죽이고, 조착晁錯이 삭번책削藩策을 쓰고, 무제가 추은推恩의 영을 내린 것이다(이중톈 중국사 7권 『진시황의 천하』와 제8권 『한무의 제국』 참조). 그 연유를 살펴보면 황제와 평민 사이에 다른 어떤 계급이나 계층도 존재하지 못하게 하려는 것이었다.

그런데 사족이 이 제도를 파괴했다.

우선 그들은 관리가 되는 특권을 가졌으며 그 다음으로 세금 면제의 특권도 가졌다. 더 심각했던 것은 서진과 동진 정부가 반포한 점전령占田令과 점객령占客令에 따라 합법적으로 일정 규모의 토지와 일정 수량의 전객佃客, 즉 소작농을 점유한 것이었다. 전객은 독립 호구가 아니어서 납세의 의무가 없고 전적으로 명문 사족에 귀속되었다.[28]

소작농 외에 부곡部曲이라는 사람들도 있었다. 그들은 평상시에는 농사를 짓고 전시에는 전투를 했지만 실제로는 명문 사족의 사병이었다.

28 점전령이 반포된 것은 서진 태강 원년(280)이며 판수즈의 『국사개요』 참조. 점객령이 반포된 것은 동진 대흥大興 4년(321)이고 젠보짠의 『중국사강요』 참조.

후한 말엽부터 부곡은 주인을 따라 각지를 다니며 전투를 벌였으며 때때로 결정적인 순간에 중요한 역할을 했다. 게다가 과거 정부들이 부곡의 숫자에 제한을 둔 적이 없어서 부곡의 모집은 토호들이 군비를 확충하기 위한 주요 수단이 되었다.[29]

그밖에 식객과 문생門生도 있었다. 그들은 출신이 미천한 사인으로서 명문 사족에 빌붙어 끼니를 해결했다. 사족이 벼슬을 독점하고 있었기 때문에 그들은 이익을 취할 기회가 있었다. 예를 들어 주인이 자사刺史가 되면 그들은 현령縣令이 되었다.[30]

전객, 부곡, 식객, 문생은 전부 종속인이었다.

명문 사족과 종속인은 일종의 군신관계였다. 지방관이 직접 뽑은 부하 관리도 본래는 종속인이 아닌데도 상관을 군주처럼 여기고 평생토록 따라다니며 가문만 인정하고 나라는 인정하지 않았다. 그 관계가 꼭 춘추 시대의 가신과 대부 같았다(이중톈 중국사 제4권 『청춘지』 참조).[31]

요컨대 한나라 말과 위진 시대에는 마치 진한 시대 이전으로 돌아간 것처럼 나라에 봉건의 이름이 없는데도 봉건의 실질이, 제후의 이름이 없는데도 제후의 실질이 존재했다. 그러므로 일본 학계에서 '육조 귀족 정치'의 학설이 나올 만도 했다.[32]

사실 사족은 세습되는 작위와 봉지가 없어 진정한 귀족은 아니었지만 그 위세는 춘추 시대의 대부보다 절대 못하지 않았다. 그 실례 중 하나가 그들이 서족과 엄격히 선을 그은 것이었다. 사족이 서족과 혼

---

29 『삼국지』「등애전鄧艾傳」에서는 "오나라의 명문세가는 다 부곡이 있어서 군대를 막을 때 그 힘에 의지했다吳名宗大族, 皆有部曲, 阻兵仗勢"라고 했고 「위의전衛顗傳」에서는 "장수들이 각기 앞 다퉈 회유하여 부곡으로 삼았다諸將各競招懷, 以爲部曲"라고 했다. 역시 젠보짠의 『중국사강요』 참조.
30 판원란의 『중국통사』 참조.
31 한나라 때는 지방관과 그 부하 관리의 관계가 임금과 신하 같았다. 쳰무의 『국사대강』 참조.
32 가와모토 요시아키의 『중화의 붕괴와 확대: 위진남북조』와 옌부커閻步克가 이 책을 위해 쓴 추천사 참조.

인관계를 맺는 것은 매우 놀라운 일이었고 서족은 황제의 명이 있어도 사족과 한자리에 앉지 못했다. 사족은 근본적으로 서족과 한데 어울리는 것을 수치로 여겼기 때문이다.

그것은 실로 불합리한 일이었다.

사족과 서족이 제국의 똑같은 백성인 것은 차치하고라도 사농공상의 구분에서도 사족과 서족은 모두 사인에 속하여 높고 낮은 차이가 없었다. 그런데도 사족과 서족은 하늘과 땅처럼 차이가 났을 뿐만 아니라 사족 내에서도 귀천의 구분이 있었다. 예를 들어 낙양 말을 쓰는 북방 사족은 오어吳語를 쓰는 남방 사족보다 높았고 남하한 북방 사족도 온 순서에 따라 나뉘었다.

이에 계급과 등급이 인위적으로 만들어졌다. 게다가 북방에 오호가 있었던 것처럼 남방의 사회계층도 다섯 계층, 즉 사족, 서족, 평민, 종속인, 노예로 나뉘었다.[33]

그것은 기괴한 구조였다.

기괴한 것이 당연했다. 사족과 서족은 본래 다 지주였다가 두 계급으로 변했고 전객과 부곡은 본래 다 평민이었다가 종속인으로 변했으며 천하에 본래 군주의 신민이 아닌 자가 없었는데 명문 사족만 스스로 체계를 세워 법 밖의 존재가 되었다. 이런 기괴한 현상은 오로지 그런 난세에만 나타날 수 있었다.

205 기괴한 구조는 불가피하게 변태적인 심리와 기형적인 사회를 낳았

---

[33] 사학자들은 보통 남북조의 사회계층이 네 가지였다고 생각한다. 푸러청의 『중국통사』에서는 세족, 평민, 부곡, 노예라고 하며 쩌우지완鄒紀萬의 『중국통사: 위진남북조사』에서는 사인, 평민, 종속인, 노비라고 한다. 하지만 이런 견해들은 모두 사족과 서족의 구별을 나타내지 못하므로 이 책은 5계층설을 택했다.

다. 나아가 그 불합리하기 짝이 없는 엄격한 등급과 계급의 장벽이 심각하게 정권의 안정과 국가의 안정을 위협했다. 통치 집단은 내부적으로 단결이 안 됐으며 사족은 갖가지 특권과 여러 수하를 동원해 황실과도 능히 겨룰 만했다. 이런 상태가 오래 계속되었으니 나라 꼴이 정상일 리가 없었다.

그래도 동진 정권은 꾹 참고 입을 다물고 있을 수밖에 없었다. 사마예가 건강에 망명정부를 세웠을 때 모든 자원이 다 사족의 수중에 있었고 그 자신은 허울뿐인 천덕꾸러기 사령관일 뿐이었기 때문이다. 그래서 그와 그의 후계자들은 선택의 여지없이 실권과 혜택, 심지어 존엄과 체면까지 내주며 명문 사족과 함께 천하를 다스렸다.

그런데 황실에 대한 사족의 태도는 함께 다스리는 것일 뿐, 함께 나란히 존재하는 것은 아니었다. 그들에게는 가문의 힘과 명성이 국가 정권보다 훨씬 더 중요했다. 그래서 가문을 보전하기 위해 정권을 옹호할 수는 있었지만 정권에 복종하기 위해 가문을 희생하는 일은 결코 있을 리 없었다. 그런 까닭에 정권을 포기하거나 황제를 바꾸거나 심지어 나라를 팔아먹는 짓도 서슴지 않았다. 그때는 남방이든 북방이든, 한족 정권이든 이민족 정권이든 모두 문벌제도와 사족의 특권을 인정했다는 것을 유념해야 한다. 이런 상태였으니 누가 황제가 되든 무슨 관계가 있었겠는가?[34]

이런 사족은 그야말로 제국의 암세포였다.

206

---

34 첸무의 『국사대강』 참조.

그러나 그 치료 방안을 두고 통치자들은 골머리를 앓았다. 동진 정권을 찬탈한 환현과 송나라를 세운 유유는 수술을 주장했고 송 문제와 양 무제는 보수적인 요법으로 생각이 기운 듯하다. 그러다가 송 문제와 양 무제가 서족을 기용하는 동시에 사족을 우대하면서 비로소 각자 수십 년의 안정기를 얻었다.

하지만 그 병은 남조가 등장하기 전인 동진 때 이미 뼛속까지 파고든 상태였다. 그래서 송 문제의 원가의 치든 양 무제의 천감의 치든 모두 죽기 전에 잠깐 기력을 되찾은 정도에 불과했고 그 후에는 더더욱 백약이 무효했다. 망하기 전 남량은 국토가 줄어들 대로 줄어들어 있었고 사회의 기풍도 나빠질 대로 나빠져 있었으며 사족의 자제들은 하나같이 쓸모가 없었다. 후경이 쳐들어왔을 때 그들은 반격할 힘도 스스로를 구할 방안도 갖지 못한 채 화려한 차림으로 주린 배를 움켜쥐고 집안에서 죽기만을 기다리고 있었다.

가장 불쌍한 사람은 양 무제였다. 그는 노력을 안 한 것도 아닌데 모든 일이 자기 뜻과 어긋났고, 종실을 우대하고도 버림을 받았고, 사족과 서족의 조화를 꾀했는데도 적대관계를 해소하지 못했고, 덕으로 나라를 다스리고도 도덕이 땅에 떨어졌고, 신앙을 세우고도 넋이 나가버렸다. 그는 마치 늪에 빠진 것처럼 발버둥 칠수록 더 빨리 재앙에 가까워졌다. 다만 그 늪에는 그 혼자만 빠진 것이 아니라 그 시대와 민족과 사회가 모두 빠져 허우적거리고 있었다.

그렇다면 그들은 그 늪지대를 벗어날 수 있었을까?

만약 그랬다면 출로는 또 어디에 있었을까?

조합의 힘

양 무제가 동태사에서 두 번째로 사신을 한 해(529)에 비잔티움 제국은
『칙법휘찬勅法彙贊』을 반포했다. 이 법전은 황제 유스티니아누스 1세의
명령으로 편찬되었기 때문에 『유스티니아누스 법전』이라고도 불린다.

그 후 16인의 위원회가 또 『학설휘찬』『법학제요』『신칙법휘찬』을 완
성했고 그중 『학설휘찬』은 '로마법의 성전聖殿'이라 불리며 『신칙법휘
찬』은 그리스어로 작성되었다. 이 네 가지 법전은 모두 합쳐 『로마법대
전』이라 불리고 서양 법률의 어머니로 공인되어 왔다.[35]

이 장대하고 중요한 사업은 의심의 여지없이 인류 문명에 크게 공헌
했고 그래서 유스티니아누스 1세도 '가장 위대한 입법자'라 불린다. 그
는 성 소피아 성당을 짓는 등 다른 유산도 남겼고 따로 '대제'의 칭호를
얻기도 했지만 그의 가장 위대한 불후의 업적은 역시 『로마법대전』이
209 다.[36]

---

35 『로마법대전』은 『시민법대전』이라고도 한다.
36 기독교 교회가 승인한 로마 제국의 '대제'는 콘스탄티누스 1세, 테오도시우스 1세, 유스티니아누
스 1세 이 세 명밖에 없다.

그러면 그는 어떤 황제였을까?

유유 등과 마찬가지로 유스티니아누스 1세는 빈한한 집안 출신이었다. 그를 후계자로 받아들인 전임 황제는 심지어 문맹이어서 목각 도장으로 서명을 대신했다. 또한 그의 황후인 테오도라도 곡마단의 비천한 문지기이자 곰 조련사였던 남자의 딸로서 결혼 전의 행적이 매우 의심스러워 상류사회의 관점에서는 도저히 국모가 될 자격이 없었다.

그러나 유스티니아누스 1세는 내력이 불분명한 그 여자에게 흠뻑 빠졌다. 그녀가 일찍이 여러 남자와 관계를 가졌을지도 모르는데도 전혀 상관하지 않았다. 그래서 그는 부황에게 관련 법률을 고쳐달라고 부탁했다. 서로 비슷한 집안끼리 결혼해야 하는 것은 중국에서는 단지 관습에 불과했지만, 동로마 제국에서는 원로원 의원이 하층계급의 여자와 결혼하면 안 된다는 것이 명문으로 규정되어 있었던 것이다.

테오도라는 유스티니아누스 1세의 기대를 저버리지 않았다. 그 후 어렵고 힘든 세월 속에서도 그녀는 굳건히 남편 곁을 지켰을 뿐만 아니라 남편의 정신적 지주가 되었다. 예를 들어 후경의 난 같은 폭동이 일어났을 때, 그녀는 성을 버리고 도망치자고 주장하는 자들을 단 한 마디 말로 제압했다.

"제왕의 권력은 가장 고귀한 수의壽衣이니, 통치자가 도망을 치는 것은 죽느니만 못합니다!"

이 말을 듣고 유스티니아누스 1세는 용기를 되찾았다.

폭동을 진압하고 1년 뒤, 그는 기세등등하게 영토를 재정비하기 시작했다. 533년, 반달 왕국을 멸했고 535년에는 시칠리아와 이탈리아 남부를 점령했으며 536년에는 로마를 수복했다. 그리고 554년에는 동고트 왕국을 멸하는 동시에 서고트족이 점령하고 있던 스페인 동남부 등의 지역들을 손에 넣었다. 그럼으로써 지중해를 다시 로마의 호수로 만들었다.[37]

물론 그것은 동로마 제국의 호수였다.

이로써 유스티니아누스 1세는 자신의 소망을 성취했다.

유스티니아누스 1세는 행운아였다고 할 수 있다. 하늘은 그에게 테오도라뿐만 아니라 넉넉한 수명도 선사했다. 그는 83세까지 살았고 38년간 통치했다. 이것은 로마 제국의 역사에서 매우 드문 예다. 86세까지 살고 48년간 통치한 양 무제와 비교해도 조금 모자랄 뿐이다.[38]

심지어 두 사람의 시대적 배경과 지향했던 목표도 대단히 유사하다. 유스티니아누스 1세는 로마의 꿈을, 양 무제는 중화의 꿈을 꾸었다. 로마와 중화를 다시 세우기 위해 그들은 또 각자 종교의 힘을 빌렸다. 단지 양 무제는 부처를, 유스티니아누스 1세는 하나님을 믿었을 뿐이다. 유스티니아누스 1세의 이상은 하나의 국가(로마 제국), 하나의 법전(『로마법대전』), 하나의 종교(기독교)였다.

유스티니아누스 1세는 로마인들의 양 무제였다.

211　　물론 그들은 모두 종교가 모든 것을 대신할 수는 없다는 것을(정교합

---

37 이 시기의 역사에 관해서는 서양 학자들의 저술이 대단히 많지만 일일이 열거하지는 않겠다.
38 유스티니아누스 1세는 482년이나 483년에 태어나 565년에 죽었고 527년에 황제가 되었다.

일의 이슬람국가는 더 나중에 출현했다) 잘 알고 있었다. 그래서 유스티니아
누스 1세는 '주 예수의 이름'으로 법전을 편찬했고 양 무제는 불교를 크
게 일으키면서 예악도 정비했다.[39]

그렇다. 한 사람은 법치를, 한 사람은 예치를 중시했다.

예치와 법치는 전통 중국과 서양 세계의 중대한 차이점이며 그 성패
와 득실은 한 마디로 다 말하기 어렵다. 다만 유스티니아누스 1세가 실
현한 로마의 꿈은 금세 무너져버렸고 양 무제는 생전에 처절한 실패를
맛보았다. 양 무제의 이상은 사실 중국 북방에서 실현되었다. 예치에
의지해 성공을 거둔 그 인물도 역시 '무제'였는데, 바로 북주의 무제 우
문옹宇文邕이었다.

이것은 깊이 생각해볼 만한 일이다.

앞에서 말한 대로 당시 정립鼎立했던 진, 북제, 북주 중에서 북주는
본래 가장 약한 나라였는데도 최후의 승리를 거두었다. 그 공은 일정
정도 북주 무제에게 돌아가야 마땅하다. 어쨌든 재차 분열되었던 북방
이 그로 인해 다시 통일되었고 새 제국의 토대도 사실 그가 생전에 닦
아놓은 것이기 때문이었다. 하지만 그는 불행히도 천하통일이라는 평
생의 목표를 이루지 못하고 젊은 나이에 요절하고 말았다.[40]

물론 북주의 창시자 우문태가 존숭한 주례周禮의 치국 이념과, 그가
시행한 인의, 효제孝悌, 충신忠信, 예양禮讓, 염평廉平, 검약儉約 같은 유가
윤리도 전부 계승되었다. 바꿔 말해 천하를 예로 다스린다는 구상이   212

39 양 무제는 502년에 아악을 제정했고 505년에는 오관을 설립했으며 512년에는 오례五禮를 제정
했다. 양 무제의 이런 예악 정비는 북방 사족들의 부러움을 샀다.
40 북주 무제는 유훈에서 "장차 천하를 차지하고 문자와 수레를 다 통일하려 했다將欲包擧六合, 混
同文軌"라고 밝혔다.

북주 무제 때 훌륭하게 실현된 것이다. 이런 의미에서 북주 무제는 우문태의 후계자로서 전혀 손색이 없었고 수 문제는 그의 정치적 유훈의 실행자에 지나지 않았다.[41]

북주 무제가 실현한 것은 모두 지난날 양 무제가 꿈꾸던 것이었다.

그렇다면 왜 양 무제는 실패하고 북주 무제는 성공한 것일까?

북주 무제는 근본을 틀어쥐고 올바른 경로를 찾았다.

근본은 바로 민심이었으며 민심은 응집이 필요했다. 사실 400년간의 혼란은 국가를 분열시키는 동시에 민심을 흩어지게 했다. 이민족과 한족의 민족 갈등, 서족과 사족의 계급투쟁, 불교와 도교의 의견 대립이 빚어졌다. 천하를 평정하려면 먼저 그들을 아울러야 했다.

그 일을 하려면 힘이 필요했고 기치도 필요했다.

힘은 통치자의 것일 수밖에 없었다. 당시 민간에는 그런 힘이 없었다. 그리고 기치는 어떤 종교일 수 없었다. 종교는 중국의 전통이 아니기 때문이었다. 통일된 중화의 꿈을 실현하는 데 있어서 본토의 도교는 역부족이었다. 북위의 태무제가 그것을 증명했다. 외래 종교인 불교도 적절치 않았다. 이것은 남조의 양 무제가 증명했다.

유일한 방법은 유, 불, 도의 조합이었다.

양 무제도 그렇게 하기는 했다. 하지만 그의 방법은 공자와 노자를 붓다의 제자로 만드는 것, 즉 삼교三教의 근원을 불교에 두는 것이었다. 북주 무제도 삼교를 함께 받아들이려 했다. 하지만 그는 우선순위를

213

---

41 인의, 효제, 충신, 예양, 염평, 검약의 유가 윤리는 소작蘇綽이 우문태에게 올린 건의다. 그의 전체 주장은 먼저 마음을 다스리고, 교화를 돈독히 하고, 지리적 이점을 다 활용하고, 현명한 인재를 발탁하고, 소송을 잘 살피고, 부역을 공정하게 안배하는 것이었다. 『주서』 「소작전」 참조. 이밖에 우문태는 일찍이 우문옹에 대해 "이 아이가 반드시 내 뜻을 이룰 것이다成吾志者, 必此兒也"라고 평했다고 한다. 『주서』 「무제기상」과 『북사』 「주본기하」 참조.

두었다. 유학이 먼저이고 도교는 다음이며 불교가 마지막이었다. 한때는 도교를 최상위에 두려고 한 적도 있지만 말이다.[42]

애석하게도 삼교는 모두 순순히 따르지 않았다. 세속 지주와 승려 지주 사이의 모순이 나날이 격화되었고 무엇보다도 부국강병의 필요로 인해 이제는 승려들 중에서 병사를 뽑고 사원 소유의 토지를 취해야만 했다.[43]

북주 무제는 논쟁을 끝내기로 결심했다.

북주가 북제를 멸하기 3년 전인 574년, 북주 무제는 조칙을 내려 불교와 도교를 동시에 금지했다. 우상과 경전을 부수고 불태우게 했을 뿐만 아니라 승려와 도사를 모두 환속시키라고 명했다. 이것이 바로 중국 불교사상 두 번째 대법난이다.[44]

비무장 상태의 승려들은 당연히 항거하지 못했다. 기록에 따르면 북주 무제가, 점령한 북제에서 멸불령滅佛令을 내렸을 때 대전에서 훈시를 듣던 500명의 승려가 전부 고개를 숙인 채 눈물을 흘렸다고 한다. 그런데 한 승려가 돌연 목소리를 높여 항의했다.

"황권에 의지해 불문을 파멸시키면 폐하는 아비지옥에 떨어질 겁니다. 그것이 두렵지도 않습니까? 그곳은 귀천을 가리지 않습니다."

그래도 북주 무제는 끄덕도 하지 않았다. 그 승려를 똑바로 쳐다보며 서슴없이 답했다.

"백성이 인간 세상의 복을 누리지 못한다면 짐은 지옥의 고통도 사

214

---

42 양 무제의 견해는 그의 저서인 『사사도법조舍事道法詔』에서, 태주 무제의 견해는 『주서』 「무제기상」에서 확인할 수 있다. 한때 도교를 최상위에 두었던 것은 『광홍명집廣弘明集』 8권의 「서주무제집도속의멸불법사叙周武帝集道俗議滅佛法事」에 나온다. 이와 함께 린지위 주편, 『중국불교사』 3권과 판원란의 『중국통사』 2권 참조.
43 린지위 주편, 『중국불교사』 3권에 실린 『광홍명집』 24권의 「간주조사태승표諫周祖沙汰僧表」 참조.
44 『주서』 「무제기상」 참조.

양하지 않을 것이다."[45]

실로 대단한 기백이었다.

사실 공권력을 이용해 종교에 간섭하는 것은 결코 바람직한 일은 아니지만 당시에는 범상치 않은 의미가 있었다. 북주 정권은 본래 선비족의 색채가 짙어서 많은 한족 장수가 성까지도 선비족의 것으로 바꿔야 했다. 하지만 북주 무제는 갓 입은 황제의 새 용포를 벗어 던지며 말했다.

"짐은 오호가 아닌데 왜 부처를 믿어야 하는가?"[46]

그것은 옳은 말이었다. 이미 오호는 없고 중화만 있었다. 훗날의 역사는 민족의 융합이 한족 위주여야 했고 한족과 이민족이 서로 화합해야 했음을 증명한다. 그리고 이데올로기는 유교가 주가 되고 불교와 도교를 함께 받아들이는 형태가 돼야 했다. 이것이 당시 상황에 가장 적합한 선택이었다.

북주 무제는 선견지명이 있었다.

다른 이들도 틀리지는 않았다. 사실 태무제가 도교를 신봉한 것도, 양 무제가 불문에 귀의한 것도, 그리고 북주 무제가 유학을 추종한 것도 모두 미래에 삼교가 합류해 장기간 공존하게 되는 것에 대한 준비였다. 그 세 황제는 모두 열린 마음과 긴 안목을 가진 채 자신이 어느 민족에 속하는지 괘념치 않았고 심지어 민족의 이익에 위배되는 일도 서슴지 않고 행했다. 그래서 수 문제 양견이 다시 한족 성으로 돌아와

---

45 『대정장大正藏』 52권 참조.
46 『광홍명집』 「변혹편辯惑篇」 참조.

불교를 믿기 시작했을 때 더 개방적이고 수용적인 새 문명이 도래했다. 우리는 그것이 장차 위대한 세계적 문명이 되리라는 것을 알고 있다.

저자 후기

한 나라 두 왕조, 남방과 북방

한마디로 남북조의 역사적 의의를 개괄해야 한다면 그것은 '본래 있던 것이 없어지고 본래 없던 것이 생긴 것'이라고 나는 생각한다.

무엇이 없어졌을까?

오호가 없어졌다.

무엇이 생겼을까?

남북이 생겼다.

오호는 융합되었을 뿐 소멸되지는 않았다. 흉노족, 선비족, 갈인, 저인은 모두 새 한족 안에 녹아들었다. 그렇게 된 경로는 통혼으로 인한 혼혈과 풍습의 변화였다. 하지만 그런 변화는 쌍방향적이었다. 한화와 호화胡化가 동시에 이뤄졌다. 예를 들어 두 발을 땅에 붙이고 의자에 앉는 것은 이민족이 앉는 법이었다. 한족이 앉는 법은 바닥에 꿇어앉는 것이었다. 지금 와서 한족의 그 풍습을 회복하기는 아마 어려울 것이다. **218**

바지를 안 입고 다시 치마를 입는 것도 어려울 것이다.

언어도 마찬가지다. 현재 중국에서 쓰는 표준어 중에도 이민족의 단어와 발음이 적지 않다. 훗날의 몽골족과 만주족의 것도 있지만 아마 옛날 오호의 것도 있을 것이다. 진짜 '중원의 우아한 말雅言'은 오히려 그 일부가 민난어閩南語(주로 중국의 푸젠성과 타이완에서 쓰이는 방언)에 남아 있을 뿐인데 아쉽게도 알아들을 수 있는 이가 많지 않다. 마찬가지로 선비어를 이해하는 사람을 찾는 것도 쉽지 않다.

역사상의 오호와 한족은 이미 하나가 되었다.

한족과 오호의 경계가 모호해지자 남북의 구분이 갑자기 뚜렷해졌다. 남방의 사족은 청담을 숭상했고 북방의 사족은 실질을 숭상했으며 남방의 불교는 현묘한 이치를 중시했고 북방의 불교는 실천을 중시했다. 그리고 남방의 문예는 수려하고 탐미적이었으며 북방의 문예는 웅혼하고 질박했다. 중후한 석굴이 돈황, 맥적산麥積山, 운강, 용문 등 북방에 집중되고 변문騈文과 시 같은 문학적 성취가 남방에서 더 뛰어났던 것은 결코 우연이 아니었다.

남방과 북방은 마치 서로 다른 세계 같았다.

그 후로 남북의 차이에 대한 견해는 갈수록 많아졌다. 남강북조南腔北調, 남권북퇴南拳北腿 같은 것이 그 예다. 전자의 의미는, 북방의 방언은 성조가 다를 뿐인데 남방의 방언은 발음조차 완전히 다르다는 뜻이다. 그리고 후자의 의미는, 남방 사람은 싸울 때 주먹을 즐겨 쓰고

219

북방 사람은 다리를 즐겨 쓴다는 뜻이다. 남녀가 간통한다는 표현도 남방에서는 '손이 하나다有一手'라 하고 북방에서는 '다리가 하나다有一腿'라고 한다.[1]

남방 사람과 북방 사람의 구별은 자연스레 수많은 이가 즐겨 이야기하는 화제가 되었다. 고염무顧炎武는 말하길, 북방 학자의 문제는 종일 먹기만 하고 전혀 머리를 안 쓰는 것이며 남방 학자의 흠은 종일 모여 있기만 하고 쓸데없는 소리만 지껄이는 것이라고 했다. 그리고 루쉰 선생은 말하길, 북방 사람은 중후한 게 장점이고 우둔한 게 단점이며 남방 사람은 영리한 게 장점이고 교활한 게 단점이라고 했다. 결국 크게 다르다는 것이다.[2]

남방 사람과 북방 사람은 마치 서로 다른 민족 같다.

같은 민족 안에 두 가지 서로 다른 문화가 있는 것은 그리 흔한 일이 아닌 듯하다. 그러나 린위탕林語堂 선생의 견해에 따르면 남방 사람과 북방 사람은 신체, 성격, 풍습 면에서 심지어 지중해인과 게르만인 만큼이나 서로 차이가 난다. 그러나 옛날 한족과 오호 간의 차이는 전혀 찾아낼 수 없다.[3]

이 근원을 소급해보면 모두 위진남북조의 소산이다. 회하를 사이에 둔 그 300~400년간의 통치와 정치적 혼란이 없었다면 오늘날 같은 중국의 문화와 문명은 없었을 것이다.

본래 있던 것이 없어져서 정치 영역의 한 나라 두 왕조가 생겼다. 남   220

1 졸저, 『대화방언大話方言』 참조.
2 고염무, 『일지록日知錄』 13권의 「남북학자지병南北學者之病」과 루쉰, 「북인과 남인北人與南人」 참조.
3 린위탕의 「북방과 남방北方與南方」 참조.

조와 북조는 모두 자신이 중화 제국이라 생각해 상대를 위로魏虜(북방 지역의 오랑캐) 또는 '도이'라고 불렀다. 또한 원래 없던 것이 생겨서 문화 영역의 남방과 북방이 생겼다. 이때부터 양쯔강 유역과 황허강 유역이 어깨를 나란히 했고 수와 당이 세운 새 중화가 곧 두 강 사이에서 태어나 지금까지 이어져오고 있다.

이것이 바로 후대에 영향을 준 위진남북조의 근본 요인이다. 내 견해는 전문성은 부족할지 몰라도 매우 문화적이다. 문화는 전문성보다 훨씬 더 중요하다. 적어도 내 입장에서는 차라리 전문성이 없을지언정 문화적이지 못하면 안 된다.

물론 이것은 주제에서 벗어난 이야기다.

이중톈의 꿈

얼마 전 베이징국제도서전에 갔다가 우연히 저장浙江출판그룹 부스 앞을 지나게 되었다. 막 점심시간이 끝나서인지 부스 안의 대형 테이블에 편집자 10여 명이 담소를 나누며 앉아 있었다. 저장출판그룹 산하에는 저장인민출판사, 저장문예출판사, 저장미술출판사 등 10여 개 출판사가 있고 그중 저장문예출판사가 중국어판 『이중톈 중국사』를 출판하는 곳이다. 나는 혹시나 싶어 그 테이블 앞에 가서 입을 열었다.

"저는 『이중톈 중국사』 한국어판의 역자입니다. 혹시 여기 저장문예출판사 분이 계신지요?"

즉시 이십대 중반의 여성이 반색을 하며 벌떡 일어섰다.

"제가 저장문예출판사 저작권 담당자예요. 너무 반갑습니다!"

그녀는 친절하게 저장출판그룹 특별 전시 코너로 나를 데려가, 그곳 중앙에 『이중톈 중국사』 한국어판이 당당히 배치되어 있는 모습을 보여주었다. 사실 나는 방금 전 '중국 해외수출도서 특별관'에 가서도『이중톈 중국사』한국어판을 보았다. 그렇다고 아주 자랑스럽거나 뿌듯하지는 않았다. 그럴 기분이 아니었다. 모처럼 중국에 와서도 나는 에어비앤비로 얻은 방에서 매일 밤늦게까지『이중톈 중국사』13권 원고의 마무리 작업을 하는 중이었다.

"이중톈 선생은『중국사』를 지금 몇 권까지 냈죠?"

"20권이요. 한국에서는 아마 11권까지 나왔죠?"

"네. 12권과 13권이 같이 나올 것 같아요. 지금 13권 교정을 보고 있습니다."

그 저작권 담당자는 왠지 동정 어린 눈빛으로 나를 보고 있었다. 나는 속으로 조금 울컥했다.

『이중톈 중국사』는 중국과 한국에서 모두 2013년에 1권이 나와서 벌써 7년째 출간 중이다. 중국어판『이중톈 중국사』는 이미 명나라 시대에 이르렀다. 나는 이제 겨우 무측천 시대에 접어들었으니 권수로는 6권, 햇수로는 700여 년을 쫓아가야 한다. 그리고 애초에 36권으로 완간 예정이었던 이 시리즈는 7년간 21권이 나왔으니 산술적으로는 앞으로 5년은 더 지나야 끝이 난다. 그때, 저자 이중톈 선생은 77세가 된다. 아무래도 이 시리즈가 과연 무사히 완간될 수 있을지 우려의 목소리가 나올 만하다. 그런데 그 우려의 목소리 중 상당수는 뜻밖에 이중텐 선생의 노령이나 건강은 문제시하지 않는다. 그보다는 중국의 '국민학자'인 이중톈이 다른 일을 하면 더 많은 돈과 더 큰 명성을 얻을 수 있는데 과연 『이중톈 중국사』 집필에 계속 매달리겠느냐고 의구심을 품고 있다. 그러나 이중톈 선생은 돈도, 명성도 필요 없다고 말한다.

"많은 사람이 이 중국사가 용두사미가 되지 않을까 걱정합니다. 이 책이 일으키는 반응이 그리 강렬하지 않고 매체의 관심도 크지 않아서 제가 동기 부족으로 힘이 떨어질 것이라고 생각하는 거죠. 하지만 그럴 리 없습니다. 왜냐고요? 간단합니다. 저는 갈채를 받기 위해 이 책을 쓰는 게 아니기 때문입니다. 또 돈을 벌려고 이 책을 쓰지도 않습니다. 돈을 벌려고 하면 더 쉬운 방법이 많습니다. 사실 정반대로 이 책을 쓰기 위해 저는 대단히 많은 돈을 손해보고 있습니다. 지금 제가 한 차례 외부 강연을 나가서 받는 돈이 이 책의 인세보다 훨씬 많습니다. 두 시간이면 벌 돈을 두 달에 걸쳐 버는 격이죠. 이처럼 갈채도 바라지 않고 돈도 바라지 않고 단지 자기의 꿈을 이루려고만 하는데 어떻게 용두사미가 되겠습니까?"

몇 년 전의 어느 신문 인터뷰에서 그는 위와 같이 말했다. 오랫동안 꿈꿔온 이 필생의 역작을 마치기 위해서라면 돈도 명예도 포기할 각오가 되어 있다는 것이다. 하지만 돈과 명예는 확실히 우리가 어떤 일을 추진할 때 대단히 직접적인 원동력이 돼준다. 따라서 이중톈이 돈도 명 224

예도 멀리한다면 과연 무엇이 그의 중국사 집필의 원동력으로 작용하고 있는 것일까? 그는 이 문제에 대해서도 명쾌한 답변을 내놓았다.

"제게 더 중요한 것은 글쓰기의 과정에서 느끼는 쾌감입니다. 그리고 저는 한 작가가 글을 쓸 때 쾌감을 못 느낀다면 독자도 그의 글에서 쾌감을 느낄 리 없다고 생각합니다. 그런 쾌감은 그 자체로 제 원동력입니다."

옳은 말이다. 작가의 글쓰기는 외부적인 목표가 원동력이 되기도 하지만 본래 글쓰기 자체에서 얻는 쾌감이야말로 가장 근본적인 원동력이다. 이런 쾌감이 존재하기에 이중톈은 남방의 어느 작은 도시에 따로 비밀 장소까지 얻어 『이중톈 중국사』의 집필에 몰두하고 있는 것이다.

"지금 저는 중국사 말고는 아무 일도 하지 않습니다. TV와 각종 이벤트의 출연 요청도 다 사절하고 있습니다. 인터넷도 위챗도 끊었고 뉴스도 안 봅니다. 시사평론도 안 하고 일과 무관한 책도 안 봅니다. 추리소설만 빼고 말이죠."

그래도 추리소설을 읽는 취미 정도는 그에게 허락해줘야 할 것 같다. 그는 추리소설을 읽으면서 좀 더 드라마틱하게 역사의 수수께끼를 풀어가는 아이디어를 얻는다고 한다. 아무쪼록 그가 그 '글쓰기의 쾌감'

을 실컷 만끽하면서, 덩샤오핑 시대에 관해 이야기할 『이중톈 중국사』 36권까지 무사히 완주할 수 있기를 바란다.

2020년 7월

『남조와 북조』에 언급된
사건들의 연표

<u>기원전 2년(전한 애제 원수 원년)</u> 대월지의 사자가 박사 제자인 경려景廬에게 『부도경』을 구술로 전수.

<u>57~75년(후한 명제 시기)</u> 초왕 유영이 부도를 숭상했고 명제가 불법을 구하러 인도로 사자를 보냈다고 함.

<u>125~144년(후한 순제 시기)</u> 장릉張陵이 천사도(오두미도五斗米道)를, 우길이 태평도를 창설함.

<u>189년(후한 중평中平 6)</u> 동탁이 낙양에 입성해 천하가 크게 어지러워지고 분열의 시대가 시작됨.

<u>220년(조위曹魏 황초黃初 원년)</u> 조비가 선양을 받아 위나라가 시작됨.

<u>258년(조위 감로甘露 3)</u> 선비족 탁발부가 음산 남쪽 기슭의 성락에서 대회를 열고 그곳에 정주하기 시작함.

<u>265년(조위 함희咸熙 2, 서진 태시泰始 원년)</u> 12월, 위 원제가 선양하고 사마염 **228**

이 칭제를 함으로써 조위가 망하고 서진이 시작됨.

304년(서진 태안 3) 저인의 맹장 이웅李雄이 성도왕成都王이라 칭하고 흉노의 추장 유연이 한왕이라고 칭하면서 오호십육국이 시작됨.

306년(광희光熙 원년) 이웅이 성도에서 칭제하고 국호를 성成이라 정함.

308년(영가 2) 유연이 칭제하고 이듬해 평양으로 천도함.

310년(영가 4) 유연이 죽고 아들 유총이 즉위함. 탁발부의 추장이 서진에 의해 대공으로 봉해짐. 불도징이 낙양에 도착해 불교를 전파.

311년(영가 5) 흉노족 한나라의 장수 유요, 석륵 등이 낙양을 함락하고 진 회제 사마치司馬熾를 포로로 붙잡음.

314년(건흥建興 2) 한족인 서평공西平公 장궤張軌가 죽고 아들 장식張寔이 뒤를 이은 뒤, 할거 정권을 수립.

316년(건흥 4) 유요가 장안을 함락하고 진 민제 사마업司馬業이 항복함으로써 서진이 멸망함.

318년(동진 태흥太興 원년) 사마예가 즉위하여 동진이 시작됨. 유총이 죽고 아들 유찬이 뒤를 이었으나 피살되었고 대신 유요가 뒤를 이음.

319년(태흥 2) 유요가 국호를 바꾸었고 역사에서는 이를 '전조'라고 부름.

329년(함화咸和 3) 석륵이 유요를 죽여 전조가 멸망함.

330년(함화 5) 갈인 석륵이 칭제를 했고 역사에서는 이를 '후조'라 부름. 석륵은 칭제 후 불도징을 대화상으로 높여주었음.

229 335년(함강 원년) 로마 황제 콘스탄티누스가 반달족이 판노니아(대부분 지

금의 헝가리와 유고슬라비아 영토 내에 있음)에 들어와 사는 것을 허락함.

<u>337년(함강 3)</u> 선비족 장수 모용황慕容皝이 연왕이라 칭하고 도읍을 용성龍城(지금의 랴오닝성 차오양朝陽)으로 정했으며 역사에서는 이를 '전연'이라 부름.

<u>347년(영화永和 3)</u> 환온이 촉을 정벌하고 이세李勢가 투항해 성한이 멸망함.

<u>350년(영화 6)</u> 후조 황제 석호의 양자인 한족 염민이 제위를 찬탈하고 칭제하여 국호를 위라고 했으며 역사에서는 이를 '염위'라고 부름.

<u>351년(영화 7)</u> 후조가 멸망함. 저인 장수 부건이 스스로 천왕대선우天王大單于라 칭하고 도읍을 장안으로, 국호를 대진으로 정했는데 역사에서는 이를 '전진'이라고 부름.

<u>352년(영화 8)</u> 염위가 멸망함. 연왕 모용준慕容儁이 칭제를 하고 도읍을 업鄴으로 정했는데 역사에서는 이를 '전연'이라 부름. 같은 해 부건이 칭제를 함.

<u>370년(태화 5)</u> 전진에 패해 전연이 멸망함.

<u>374년(영강寧康 2)</u> 흉노족이 볼가강을 건너고 게르만의 각 부족들이 대거 로마 제국에 침입하기 시작. 유럽 민족의 대이동.

<u>376년(영강 4)</u> 전진이 전량을 정벌해 전량이 멸망함. 그 후에도 전진은 선비족 탁발부가 세운 대나라를 정벌해 멸망시켰음. 이때에 이르러 중국의 북방은 전진에 의해 완전히 통일되었음. 같은 해, 서고트족은 도나 230

우강을 건넜으며 로마인의 압박을 못 견디고 대폭동을 일으킴.

378년(태원太元 3) 로마 황제 발렌스가 하드리아노폴리스 전투에서 패해 피살됨.

383년(태원 8) 전진과 동진의 비수대전.

384년(태원 9) 전진 부견의 장수였던 선비족 모용수가 연왕이라 칭했고 역사에서는 이를 '후연'이라 부름. 모용홍이 제북왕濟北王이라 칭해 역사에서는 '서연'이라 부르며 강족 요장은 진왕이라 칭해 역사에서는 '후진'이라 부름.

385년(태원 10) 요장이 부견을 붙잡아 죽임. 전진의 장수였던 선비족 걸복국인이 나라를 세웠고 역사에서는 이를 '서진'이라 부름. 저인 양정楊定도 스스로 공公이 되어 진晉에서 번藩이라 칭했는데 역사에서는 이를 '구지'라고 부름.

386년(태원 11) 선비족 추장 탁발규가 우천에서 왕이라 칭하고 나라를 세웠으며 역사에서는 이를 '북위'라고 부름. 후진왕 요장이 장안을 점거하고 칭제를 함. 저인 여광呂光이 나라를 세웠고 역사에서는 이를 '후량'이라 부름.

392년(태원 17) 기독교가 로마의 국교가 됨.

394년(태원 19) 서진이 전진을 멸하고 후연은 서연을 멸함.

395년(태원 20) 로마 제국이 분열됨.

231 397년(융안 원년) 선비족 독발오고가 왕이라 칭하고 나라를 세웠으며 역

사에서는 이를 '남량'이라 부름. 후량의 흉노족 장수 저거몽손沮渠蒙遜도 나라를 세웠고 역사에서는 이를 '북량'이라 부름.

398년(융안 2) 10월, 후연의 모용덕이 왕이라 칭하고 나라를 세웠으며 역사에서는 이를 '남연'이라 부름. 7월에는 북위가 평성으로 천도했고 12월에는 탁발규가 칭제를 했음.

399년(융안 3) 손은의 난이 일어남. 법현法顯이 불경을 구하러 인도로 건너감.

400년(융안 4) 서진왕이 후진에 항복해 서진이 멸망함. 북량의 돈황태수 이호李暠가 나라를 세웠고 역사에서는 이를 '서량'이라고 부름. 앵글로족과 색슨족 그리고 주트족이 브리튼섬에 침입하기 시작함.

402년(원흥 원년) 환현의 난이 일어나고 손은이 패전하여 자살함.

403년(원흥 2) 남량과 북량이 후량을 공격했고 후량은 후진에게 항복해 멸망함. 환현은 진 안제에게 선양을 강요해 칭제를 하고 국호를 초라고 함.

404년(원흥 3) 유유의 토벌로 환현이 패하여 피살됨.

405년(원흥 4년, 의희義熙 원년) 초종譙縱이 동진을 배반하고 왕으로 칭하며 성도를 점령했음. 역사에서는 이를 '서촉'이라 부름. 서량이 주천酒泉으로 천도해 북량을 압박함.

406년(의희 2) 남량이 고장(지금의 간쑤성 우웨이)으로 천도함.

407년(의희 3) 후진의 장군 흉노족 혁련발발이 후진을 배반하고 왕으로 **232**

칭하며 국호를 하로 정했으며 역사에서는 이를 '호하'라고 부름. 후연의 천왕 모용용희慕容熙가 피살되어 후연이 멸망함. 이어서 고운高雲이 황제가 되었는데 역사에서는 이를 '북연'이라 부름.

410년(의희 6) 남연이 멸망함. 서고트족이 로마를 함락함.

413년(의희 9) 유유가 군대를 파견해 서촉을 멸망시킴.

414년(의희 10) 서진이 남량을 공격해 멸망시킴.

417년(의희 13) 동진이 후진을 공격해 멸망시킴.

418년(의희 14) 동진은 유유를 송공으로 봉했으며 유유는 진 안제 사마 덕종司馬德宗을 독살하고 그의 동생 사마덕문司馬德文을 진 공제로 세움.

419년(원희元熙 원년) 서고트 왕국이 세워짐.

420년(동진 원희 2, 유송 영초永初 원년) 동진이 멸망함. 유유는 칭제를 하고 국호를 송으로 정했으며 역사에서는 이를 '유송'이라 부름. 남조가 시작 되었음. 프랑크족이 골에, 부르군트족이 론강 유역에 정착하기 시작함.

421년(영초 2) 북량이 서량을 공격해 멸망시킴.

422년(영초 3) 무제 유유가 죽고 소제 유의부가 제위를 이음.

423년(경평景平 원년) 북위 명원제明元帝 탁발사가 죽고 아들 태무제 탁발 도가 제위를 이음.

424년(경평 2) 유송의 소제가 피살되고 선도왕宣都王 유의륭이 제위를 이음.

233 429년(원가 6) 반달족이 북아프리카에 진입.

431년(원가 8) 호하가 서진을 공격해 멸망시킴. 토욕혼이 호하를 공격해 멸망시킴.

436년(원가 13) 북위가 북연을 공격해 멸망시킴.

439년(유송 원가 16, 북위 태연太延 5) 북위가 북량을 공격해 멸망시킴. 오호 십육국 시대가 끝나고 남북조 시대가 시작됨. 반달족이 카르타고의 옛 터전에서 나라를 세움.

442년(유송 원가 19, 북위 태평진군 3) 정월, 북위 태무제 탁발도가 친히 도단에서 부록을 받음.

443년(유송 원가 20, 북위 태평진군 4) 흉노왕 아틸라(신의 채찍)의 군대가 콘스탄티노플에 입성.

444년(유송 원가 21, 북위 태평진군 5) 북위의 불교 금지 시작. 중국 불교사상 첫 번째 대법난이었음.

446년(유송 원가 23, 북위 태평진군 7) 북위 태무제가 모든 불상과 불경을 파괴하는 한편, 남녀노소를 막론하고 승려들을 파묻어 죽이라고 명함. 불교는 거의 파멸의 재난에 직면함.

450년(유송 원가 27, 북위 태평진군 11) 북위 태무제 탁발도가 최호를 죽임. 유송이 북위를 정벌함. 아틸라는 50만 대군을 거느리고 라인강을 건너 골에 침입해 오를레앙성에 이름.

451년(유송 원가 28, 북위 태평진군 12) 카탈라우눔전투 발발. 흉노족과 로마, 그리고 서고트족과 프랑크족이 각기 연합군을 형성해 전투를 벌였으며 쌍방이 투입한 병력이 백만 명에 이르렀음.

452년(유송 원가 29, 북위 정평 2, 승평承平 원년, 흥안興安 원년) 북위에 내란이 일어나 태무제가 피살되고 황태손 탁발준이 제위를 이어 문성제가 됨.

453년(유송 원가 30, 북위 흥안 2) 유송의 황태자 유소의 시해로 부친 송 문제가 사망. 무릉왕 유준이 칭제를 하여 효무제가 됨. 효무제가 유소를 살해. 아틸라의 사망으로 흉노 제국이 와해됨.

455년(유송 효건孝建 2, 북위 흥광興光 2) 반달족이 로마성을 함락하고 14일간 노략질을 함.

464년(유송 대명大明 8, 북위 화평和平 5) 유송 효무제가 죽고 아들 유자업이 제위를 이음.

465년(유송 영광永光 원년, 경화景和 원년, 태시泰始 원년, 북위 화평 6) 북위 문성제 탁발준이 죽고 헌문제 탁발홍이 제위를 이음. 남조의 송 전폐제 유자업이 포악하여 피살되고 상동왕 유욱이 제위를 이어 송 명제가 됨.

466년(유송 태시 2, 북위 천안 원년) 북위의 풍 태후가 궁정 쿠데타를 일으켜 정권을 장악함.

471년(유송 태시 7, 북위 황흥 5, 연흥延興 원년) 북위 헌문제 탁발홍이 양위하여 아들 탁발굉이 제위를 잇고 효문제가 됨.

472년(유송 태예泰豫 원년, 북위 연흥 2) 송 명제 유욱劉彧이 죽고 아들 유욱劉昱이 제위를 이음.

235 476년(유송 원휘元徽 4, 북위 승명承明 원년) 북위 헌문제가 죽고 풍 태후가 태

황태후의 명의로 섭정을 하며 정치 개혁을 시작함. 게르만 용병대가 서로마 제국의 마지막 황제를 폐하여 서로마 제국이 멸망함.

477년(유송 원휘 5, 승명升明 원년, 북위 태화 원년) 남조의 유욱이 포악해 피살됨. 동생 유준이 등극해 순제가 됨.

479년(유송 승명 3, 남제 건원建元 원년, 북위 태화 3) 유송이 소도성을 제왕에 봉했고 소도성은 송 순제에게 선양을 강요해 유송이 멸망함. 소도성은 칭제를 하여 고제가 되고 국호를 제라 정했으며 역사에서는 이를 '남제'라고 부름.

482년(남제 건원 4, 북위 태화 6) 남제의 고제 소도성이 죽고 아들 소색이 제위를 이어 무제가 됨.

490년(남제 영명 8, 북위 태화 14) 북위의 풍 태후가 죽고 효문제 탁발굉이 친정을 시작함.

493년(남제 영명 11, 북위 태화 17) 남제 소명태자가 죽고 제 무제 소색도 죽어 아들 소소업이 제위를 이음. 동고트족이 로마성을 함락하고 동고트 왕국을 건립.

494년(남제 융창隆昌 원년, 연흥延興 원년, 건무建武 원년, 북위 태화 18) 남제에 내란이 일어나 제 명제 소란이 등극함. 북위 효문제 탁발굉이 정식으로 낙양으로 천도함.

496년(남제 건무 3, 북위 태화 20) 북위 효문제 탁발굉이 선비족에게 성을 고치라는 조칙을 내림.

498년(남제 건무 5, 영태永泰 원년, 북위 태화 22) 제 명제 소란이 죽고 아들 소보권이 제위를 이음.

499년(남제 영원永元 원년, 북위 태화 23) 북위 효문제 탁발굉이 죽고 아들 선무제宣武帝가 제위를 이음.

501년(남제 영원 3, 중흥中興 원년, 북위 경명景明 2) 소연이 소보융을 황제로 세워 제 화제가 됨. 소보권은 피살됨.

502년(남제 중흥 2, 남량 천감 원년, 북위 경명 3) 남제가 소연을 양왕으로 봉함. 소연이 화제에게 양위를 강요해 남제가 멸망함. 소연은 칭제를 하고 무제가 되어 국호를 양으로 정함. 역사에서는 이를 '남량'이라 부름.

506년(남량 천감 5, 북위 정시正始 3) 구지가 멸망함.

509년(남량 천감 8, 북위 영평永平 3) 북위가 불교를 숭배함.

515년(남량 천감 14, 북위 연창延昌 4) 북위 호 태후가 수렴청정을 함.

527년(남량 보통普通 8, 대통大通 원년, 북위 효창孝昌 3) 양 무제가 동태사에서 첫 번째 사신을 함. 보리달마가 광주廣州에 도착.

528년(남량 대통 2, 북위 효창 4, 무태武泰 원년, 건의建義 원년, 영안永安 원년) 이주영爾朱榮이 호 태후를 살해해 북위에 대란이 일어남.

529년(남량 대통 3, 중대통中大通 원년, 북위 영안 2) 양 무제가 동태사에서 두 번째 사신을 함. 동로마 제국이『로마법대전』을 완성.

534년(남량 중대통 6, 북위 영희永熙 3) 북위 효무제가 낙양에서 서쪽 장안으로 도망친 뒤, 고환이 따로 황제를 세워 낙양에서 업성으로 천도함. 역

237

사에서는 이를 '동위'라 부름. 반달 왕국이 동로마 제국에 정복을 당하고 반달족은 점차 현지 주민들과 융합됨.

535년(남량 대동大同 원년) 북위 우문태가 위 문제를 세웠고 역사에서는 이를 '서위'라 부름. 북위가 정식으로 분열됨.

546년(남량 대동 12, 중대동中大同 원년) 양 무제가 동태사에서 세 번째 사신을 함.

547년(남량 중대동 2, 태청 원년) 양 무제가 동태사에서 네 번째 사신을 함.

548년(남량 태청 2) 후경의 난이 일어남.

549년(남량 태청 3) 3월, 후경이 대성을 함락한 뒤, 양 무제는 그를 대승상으로 임명함. 5월, 양 무제가 비참하게 죽고 아들 소강이 제위를 이어 간문제가 됨.

550년(남량 대보大寶 원년) 동위가 멸망함. 고환의 아들 고양高洋이 칭제를 하고 국호를 제로 정했으며 역사에서는 이를 '북제'라고 부름. 남량이 후경을 한왕으로 봉함. 북제와 서위는 각기 소류과 소찰을 양왕으로 봉함.

551년(남량 대보 2) 후경은 남량 간문제 소강을 죽이고 소동蕭棟도 폐한 뒤, 스스로 황제가 되어 국호를 한漢으로 정함.

552년(남량 승성承聖 원년) 후경의 난이 끝남.

556년(남량 소태紹泰 2, 태평太平 원년) 서위가 멸망함.

557년(남량 태평 2) 우문각이 천왕이라 칭하고 국호를 주로 정했으며 역사에서는 이를 '북주'라 부름. 남량의 경제가 진패선에게 양위를 했으며 진패선은 칭제를 하고 국호를 진으로 정함.

574년(진 태건太建 6) 북주 무제 우문옹이 불교를 금지해 중국 불교사상 두 번째 대법난이 일어남.

577년(진 태건 9) 북주가 북제의 수도 업성을 함락해 북제가 멸망하고 북주가 북방을 통일함.

578년(진 태건 10, 북주 건덕 7) 북주 무제 우문옹이 죽고 북주가 혼란에 빠져듦.

581년(진 태건 13, 수 개황 원년) 북주 정제靜帝가 수왕 양견에게 양위하여 북주가 멸망함. 양견은 칭제하여 문제가 되고 국호를 수로 정함.

582년(진 태건 14, 수 개황 2) 진 선제가 죽고 아들 진숙보가 제위를 이어 진 후주가 됨.

583년(진 지덕至德 원년, 수 개황 3) 수 문제가 대흥大興(지금의 산시陝西성 시안西安)으로 수도를 옮김.

589년(진 정명禎明 3, 수 개황 9) 진나라가 멸망하고 수나라가 중국을 통일하여 남북조 시대가 막을 내림.

이중톈 중국사
\12\

남조와 북조

초판 인쇄	2020년 8월 14일
초판 발행	2020년 8월 21일

지은이	이중톈
옮긴이	김택규
펴낸이	강성민
기획	김택규
편집장	이은혜
편집	신상하
마케팅	정민호 김도윤 고희수
홍보	김희숙 김상만 지문희 우상희 김현지

펴낸곳	(주)글항아리ㅣ출판등록 2009년 1월 19일 제406-2009-000002호
주소	10881 경기도 파주시 회동길 210
전자우편	bookpot@hanmail.net
전화번호	031-955-1903(편집부) 031-955-2696(마케팅)
팩스	031-955-2557

ISBN	978-89-6735-811-2 03900

글항아리는 (주)문학동네의 계열사입니다.

이 도서의 국립중앙도서관 출판예정도서목록(CIP)은 서지정보유통지원시스템 홈페이지(http://
seoji.nl.go.kr)와 국가자료종합목록 구축시스템(http://kolis-net.nl.go.kr)에서 이용하실 수 있습니
다. (CIP제어번호 : CIP2020030519)

www.geulhangari.com